香田洋二

北朝鮮がアメリカと戦争する日

最大級の国難が日本を襲う

GS

幻冬舎新書

478

北朝鮮がアメリカと戦争する日／目次

第五章　中国の脅威・ロシアの思惑　147

第六章　米艦防護と日本の国益　171

編集協力　岡田仁志
ＤＴＰ　美創

第一章

米朝開戦Xデー

書き下ろし

戦後最も日本に近い場所で起きる戦争

戦後七〇年のあいだ、戦争は日本にとって、対岸の火事ならぬ「はるか海の向こうの火事」でした。ベトナム戦争やイラク戦争など、米軍に基地や支援を提供する形で間接的に日本が関与するケースはありましたが、我が国が直接的に軍事攻撃を受けるような恐れはほとんどありませんでした。

最も近くで起きた戦争は、一九五〇年に勃発《ぼっぱつ》した朝鮮戦争です。このときは、海上保安官をはじめとする多くの日本人志願者が日本特別掃海隊として派遣され、死者（一人）も出ました。

しかし当時の日本は、独立国ではありません。朝鮮戦争での任務は、我が国を占領していた連合国軍の要請（実質的には命令）によるものでした。その後、サンフランシスコ講和条約の発効によって主権を回復し、再び独立国となって以降、日本にとって全ての戦争は地球上のどこか遠いところで起きるものだったのです。

それが過去の話になりつつあることを、すでに多くの国民が予感しています。日本列島の上空をミサイルが通過し、「Jアラート」と呼ばれる全国瞬時警報システムが作動する事態もたびたび起きています。戦後、我が国に最も近いところで戦争が起きる可能性が高まっていることは間違いありません。

言うまでもなく、アメリカと北朝鮮（朝鮮民主主義人民共和国）の戦争です。

それは、戦場が距離的に「近い」だけではありません。時間的にも、その「開戦」は極めて近いところまで迫っていると私は見ています。だからこそ、本書を急いで出版することにしました。

私たちは今、政府も国民も、強い緊張感を持って有事に備えなければいけないのです。

もちろん、戦後七〇年間の日本が軍事的な緊張と全く無縁だったわけではありません。戦火を交える「熱い戦争」こそ近くでは起きませんでしたが、我が国は戦後の長きにわたって、二大超大国の米ソが厳しく対立する「冷戦」の真っ直中にありました。その時期に二〇年にわたり、若手から中堅の現役自衛官として最前線にいた私自身も、日常的に強い緊張感を持って任務に臨んでいたものです。

しかし米ソの冷戦は、大規模な「熱い戦争」――世界を破滅させるほどの「熱核戦争」――を抑止することを主目的とした軍事対立でした。超大国がお互いに絶大な破壊力を持つ核兵器を所持することがブレーキとなり、ギリギリのところで本格的な戦争には踏み込まない仕組みをつくりあげ、米ソ両大国も戦争を回避するよう努力したのです。

冷戦下でも、一九六二年のキューバ危機のように、米ソの全面核戦争が勃発寸前にまで至ったことはありました。しかし結果的には、米ソ首脳間の薄氷を踏むようなやりとりを経て、それも回避されています。

最後の最後で「ブレーキ」はきいたのです。

国際的なルールが通用しない国

その意味で、冷戦時代の軍事対立は、お互いが国際的なルールや枠組みを守ることで、武力行使をコントロールできるものでした。

日米の仮想敵国だったソ連（現在のロシア）は、西側諸国の常識では理解できない荒っぽい行動をとることがなかったわけではありません。しかし、アメリカとの戦争だけは抑止するという、最低限かつ最重要の国際ルールは、ソ連にも通用したのです。

その枠組みの中で米ソが押したり引いたりを繰り返していたのが、冷戦時代の世界でした。お互いの価値観には「資本主義対社会主義」という、越えることのできない大きな隔たりはあったものの、西側と東側には最低限の信頼関係があったとも言えるでしょう。どちらの陣営も、核兵器使用という一線を越えれば人類全体が破滅することがよく分かっていました。

でも、北朝鮮は違います。

旧ソ連の場合、帝政ロシアの時代から、西欧諸国は、あるときは同盟や協商を結ぶ仲間であり、あるときは戦争をする敵国であり、そういった経験を通して、自らもさまざまな国際ルールづくりに関わってきました。したがって、そのルールを守ろうとする責任感もある程度は持ち合わせているわけです。

それに対して、北朝鮮は国際ルールなど知ったことではありません。その点に関して、あの国はいわば「ミニ中国」のようなものだと思っていいでしょう。

日本は建国以来、最大の国難に直面している

昔、あるプロ野球チームの監督から「ルールブックを見せろ」と抗議を受けた審判が「俺がルールブックだ」という名台詞を吐いたことがあります。中国はまさにそのような国です。

中国の歴代王朝は、自分たちこそが世界の中心であり、世界の覇権国であると考えて君臨してきました。いわゆる「中華思想」です。まさに自らがルールであり、従属する周辺

国に対して自分たちのルールを押しつけるのは当然であるという発想は、ある意味彼らのDNAであり、生来の文化であり、政治手法でもあります。

一八四〇年のアヘン戦争に端を発する、英国をはじめとする列強の侵略による一世紀半の暗黒時代（中国自らがそう呼んでいます）を除けば、中国は、約二五〇〇年の間、アジアの覇権国であり続けました。

そのような中国にとっては、今日定着している国際規範は、西欧列強が自らの世界支配を有利に進め、正当化するためにつくりあげたものに過ぎません。自分たちは決してそれに縛られるものではないと考えていることは、近年の中国の言い分から明らかです。

北朝鮮もそれと同じです。少なくともあの国の指導者にとって、国際平和や核抑止などに関する、国連が主導する国際社会のルールは、西洋を中心とする国際社会が自分たちの価値観に基づいて勝手に決めたものに過ぎず、彼らにとっていかなる意味も持ちません。したがって、北朝鮮もまた中国と同様に、自らの国策を遂行するにあたり、国際規範に準ずる必要と義務など毛頭ないと考えていることは、明白です。

冷戦下で、最悪の熱核戦争を抑止するために、米ソ両国が共有してつくりあげた最低限の価値観やルールは、北朝鮮には通用しないのです。国際的なルールや常識が当てはまらない国、つまり自分たちの主張や要求が国際社会に受け入れられなければ武力行使も厭《いと》わない国が、日本の目と鼻の先にあります。その国が間もなく、核弾頭を搭載したミサイルを使用できるようになる、それが、冷静に観察した日本の現状です。

後述するとおり、北朝鮮にとっての敵国、すなわち、自らの体制維持と生存を保障する上での最大の障害となる国は、日本ではなくアメリカです。もし、米朝両国のあいだで戦争が始まれば、アメリカの同盟国であり、地理的に北朝鮮と近い我が国にも深刻な影響が生じることは避けられません。

また、それは、核兵器の制御不能な連鎖的拡散を食い止める国際社会の取り組みに対する、我が国の基本姿勢が問われる事態となることも確実です。「米国が一方的に起こした戦争に日本が一方的に巻き込まれる」といった、巷間《こうかん》言われる単純な図式とは、全く異なります。

日本は今、大袈裟《おおげさ》に言えば建国以来、控えめに言っても戦後の主権回復以来、最大の国難に直面していると私は思います。

国難に腰を据えて取り組める政権基盤ができた

ちなみに二〇一七年一〇月に実施された衆議院の解散総選挙では、安倍晋三首相が自らそれを「国難突破解散」と名づけました。そこで「国難」として挙げられたのは、少子化問題と北朝鮮問題です。

この解散に対しては、「その北朝鮮が選挙期間中に何か事を起こしたら対応できないのではないか」との批判もありました。安倍政権を支持する・支持しないにかかわらず、これは批判のための批判だと言わざるを得ません。

たしかに、選挙期間中に有事が発生する可能性はありました。しかし、それはどの時期であっても同じことです。

今解散しなくても、衆議院議員には任期があるのですから、前回の衆院選から四年以内に必ず解散総選挙があります。有事が予想されるときには総選挙ができないのだとすれば、いつだろうとできません。この世界では、いつ何が起きるか分からないのです。有事が迫っているから解散すべきではないと言っていては、議会に関する憲法の規定を守ることができません。

また、もし選挙期間中に生じた危機に政府や国会が対応できないのだとすれば、それはまともな近代国家とは言えません。我が国は、そのような杜撰《ずさん》な体制の国家ではありません。

たとえば日本国憲法では、第五四条で「衆議院が解散されたときは、参議院は、同時に閉会となる。但し、内閣は、国に緊急の必要があるときは、参議院の緊急集会を求めることができる」と定めています。

これによって、衆議院が解散によって存在しなくても、参議院が国会の機能を果たすことができるのです。我が国が二院制を採用していることを忘れてはいけません。この規定にしたがって、粛々と必要な措置をとるのが国会の役割です。これを無視して、今回の衆議院の解散を一方的に非難することは、現憲法の否定につながることとも言えます。

選挙中は首相をはじめとする主要閣僚が地方遊説で東京を離れることをもって、「危機管理ができない」とする声もありました。でも、それを言い始めたら、極端な話、総理大臣や防衛大臣は日頃からトイレにも行けないことになってしまいます。

もちろん、有事発生時には首相が東京にいるにこしたことはありません。しかし、選挙期間中に限らず、首相が東京どころか日本を離れていることは多々あります。総理不在時の対応については、政府を中心に、制度（ソフト）と組織（ハード）の両面で、精緻な仕組みが整備されています。

遊説中に危機管理上の不安が残るからという理由で、解散すべきでないと言うなら、問題の本質は、総理の東京不在時に、国家として迅速な意思決定ができるかどうかという点にあります。

その観点からすれば、論ずべきは解散の是非でなく、総理不在時の国家としての意思決定メカニズムのあり方、あるいは現制度の改善であるはずです。

たとえ首相が地方にいようと外国にいようと、出先で状況を把握して指示を出せば何も問題はありません。そして、我が国を含む先進国では、その制度は整っています。それゆえに、「核攻撃の唯一の命令権者」であるアメリカ合衆国大統領も、外遊や国内出張を数多くこなしているのです。ロシア等も同じ、それが先進国というものです。

解散そのものへの非難は、小学生にでも理解できる反対のための反対でしかなく、全く不毛な論議であったと言えます。

とはいえ、衆議院解散の時期を選ぶことができる以上は、できるだけ有事のリスクが低いタイミングで行うべきです。そういう観点から今回の解散を考えた場合、そのタイミングはどうだったのか。

すでに総選挙は終わり、その間に北朝鮮がミサイル発射などの行動を起こすことはありませんでした。その事実を踏まえた結果論で言うわけではありませんが、私は決して不適切な判断ではなかったと思います。

最悪のケースは、任期満了に伴う総選挙のタイミングで、リスクが最大限に高まることです。どんなに明白な危機が迫っていても、憲法で規定されているのですから、「今はその時期ではない」と言って解散を先送りすることはできません。

だからといって、「今が最もリスクが低い」と判断するのは不可能です。ゆえに何をもって最適なタイミングと評価するかは難しいのですが、今回の解散時期は比較的リスクが低かったと言えます。というのも、二〇一七年九月一五日に日本上空を通過する中距離弾道ミサイル（Medium Range Ballistic Missile　ＭＲＢＭ）・火星12型発射実験を行った後、北朝鮮は「手詰まり」の状態になっていたからです。なぜ「手詰まり」と言えるのかについては、次項以降で述べます。

北朝鮮は、火星12型や大陸間弾道ミサイル（Inter-Continental Ballistic Missile　ＩＣＢＭ）・火星14型、さらに潜水艦発射型を含む各種弾道ミサイルの発射実験を、アメリカの対応を慎重に判断しながら、時期を選んで再開するでしょう。ですが、グアムへのミサイル発射計画を公表した八月一〇日から、一連の国連の行事が終わる一〇月中旬までは、北朝鮮の選択肢は極めて限定されていたと、マスコミ情報しか得られない私にも判断できました。

より正確な情報が得られる安倍総理や政府関係者は、こういった情勢を総合的に判断していたことでしょう。だからこそ、あのタイミングならリスクはかなり低いと考え、解散総選挙に踏み切ったのだろうと思います。

結果的に、総選挙が終わるまで北朝鮮は特別な動きを見せませんでした。いや、我が国の総選挙という、北朝鮮にとってある意味、千載一遇のチャンスさえ、利用することができなかったのです。

この期間にもしミサイルを発射していたら、野党や、安倍政権に批判的なマスコミは、ここぞとばかり、総理の解散の時期選択に対して、強い非難を浴びせたでしょう。その結果、日米協調体制ひいては、日米同盟そのものが弱体化することは、北朝鮮の太平洋戦略における副次的目標だったはずです。しかし、北朝鮮にその力はありませんでした。

そしてこの衆院選で再び国民の信を得た安倍首相は、安定した政権基盤の上で、北朝鮮問題という「国難」に腰を据えて取り組むことができるわけです。

アメリカは自分たちを恐れているという「妄想」

さて、二〇一七年九月のミサイル発射実験以降、それまであれほど国際社会を挑発し続けてきた北朝鮮が、なぜ「手詰まり」になったのでしょうか。

それは、彼らのアメリカに対する見方に変化が生じたからです。

詳しい歴史的な経緯はのちほどお話ししますが、一九九四年に北朝鮮の核開発問題が浮上して以降、アメリカでは四人の歴代大統領がそれに対処してきました。ビル・クリントン、ジョージ・ブッシュ・ジュニア、バラク・オバマ、そして現在のドナルド・トランプ各氏です。

トランプ氏より前の三人の大統領は、いずれも北朝鮮に対して軍事力を行使しませんでした。どんなに北朝鮮が国際ルールを無視して核兵器の開発を進めても、国連を通じた経済制裁などにとどめていたのです。

そういう対応が二〇年以上も続くあいだに、北朝鮮内部には一つの「神話」が生まれました。自分たちが何をしても、アメリカは武力攻撃を仕掛けてこない、これは、アメリカが北朝鮮の力を怖がっているからだ、というものです。神話というより「妄想」と呼んだほうがいいかもしれません。

そういうアメリカ観を抱いていたからこそ、国際社会から強く非難され、さまざまな制裁を受けながらも、そんなものは馬耳東風であるかのように、北朝鮮は平然と核開発を進めてきたのです。

金正恩はトランプ大統領のツイッターを気にしている

ところがトランプ大統領になってから、雲行きが変わりました。

まず二〇一七年四月、シリアの内戦でアサド政権が化学兵器を使用したとして、米軍がシリア政府軍空軍基地をミサイル攻撃します。そのときトランプ大統領は、中国の習近平国家主席とフロリダの別荘で会食中でした。そこでミサイル発射の決定を下し、隣でデザートを食べていた習近平主席にシリアを攻撃したと報告したといいます。

この、誰もが想像できなかったタイミングでの軍事行動は、北朝鮮に対する強烈なメッセージになりました。実際、北朝鮮は、過去三人のアメリカ大統領とは全く異なる評価を、トランプ大統領に対して下したはずです。それまでの「神話」が揺らぎ、アメリカの武力行使を現実的な問題として考えざるを得なくなったにちがいありません。

日頃の言動も、トランプ氏はそれまでの大統領とはかなり異なります。特にツイッター上での過激な発言は、しばしば世界中で物議を醸しています。

厳しい情報統制が敷かれる北朝鮮で、自由にツイッターを見られる人間はほとんどいません。しかし、おそらく最高指導者の金正恩はそれを見ていると思います。

全体主義の独裁国家においては常に見られる現象ですが、彼の取り巻きは、日頃から悪い話を金正恩の耳に入れようとはしません。都合の良い報告だけを受けているかぎり、「アメリカは北朝鮮を恐れている」という印象にしかならないでしょう。

ところがツイッターで流れるアメリカ大統領の言葉は、少しも北朝鮮を怖がっていません。むしろ、毅然とし、かつ強硬な態度で立ち向かってきます。前任者のオバマ氏もツイッターを使っていましたが、トランプ大統領のような攻撃的で直截《ちょくせつ》的な発言はありませんでした。もちろん、国家の基本方針に関わるような内容への言及も避けていました。

トランプ大統領のツイッター上での発言が、アメリカの大統領としての威厳や品位、手の内を軽々に外に漏らさないという国際政治の大原則、そして今日までの確立された価値観からすると、好ましいものではないことは当然です。

しかし、その評価はさておき、トランプ大統領のツイートが、金正恩にとって脅威となったのは確かです。彼のツイートを見た金正恩は、それまで自分が聞いていた話とは違う、と感じたはずです。

アメリカの「虎の尾」を踏んでしまった北朝鮮

トランプ発言の中でも、特に金正恩に強いインパクトを与えたのは、二〇一七年八月一〇日、北朝鮮が四発の中距離弾道ミサイルを米領グアムに向けて発射する計画を明らかにしたことに対する反応だと思います。

トランプ大統領はそれに先立つ八月八日に、北朝鮮がこれ以上アメリカを脅かすようなことをすれば「世界がこれまで目にしたことのないような炎と怒りに直面することになる」と発言していました。これ自体、相当に強い言葉です。アメリカ国内でも、過剰に好戦的で緊張を高める発言だと批判を受けました。

それを受けて、北朝鮮はグアムへのミサイル発射計画を公表します。

するとトランプ大統領は、「炎と怒り」という自らの発言について「厳しさが足りなかったかもしれない」と語りました。その上で、「北朝鮮がグアムに対して何かすれば、誰も見たことのないような事態が北朝鮮で起きるだろう」という警告を発したのです。「炎と怒り」という抽象的な表現から、さらに踏み込んだ発言と言えます。グアムにミサイルを発射すれば、アメリカは北朝鮮を攻撃すると言っているのと同じです。

北朝鮮の挑発に対して、ここまでアメリカ大統領が本気で反発したことはありません。敵国アメリカの領土を標的にすると表明したことで、北朝鮮はいわばアメリカの「虎の尾」を踏んでしまったのです。

アメリカが自分たちを怖がっているという「神話」を信じていた北朝鮮は、グアムを標的にすれば相手がますます震え上がると考えていたことでしょう。しかし、結果は逆でした。

アメリカ政府はその後もさらに態度を硬化させます。国務・国防の両長官による「対話の優先」や「平和的解決手段の追求」というような発言も織り交ぜながらですが、大きな流れとしては「炎と怒り」から「徹底的な破壊」「嵐の前の静けさ」、そして「残された選択肢は一つ」というような強い決意表明へと変化します。その究極が、後述する、九月一九日の、トランプ大統領の国連演説だったのです。トランプ大統領の一連の強い反応を受けて、北朝鮮のほうが初めて怖じ気づいてしまったわけです。

北朝鮮は「手詰まり」に陥っている

その後、北朝鮮は、火星12型を、八月二九日と九月一五日の二度にわたって発射しました。しかし発射の方向は、グアムではありません。いずれも北朝鮮の東北東に向けて発射され、日本列島の上空を通過し、襟裳岬《えりもみさき》の東の太平洋上に着弾しました。

北朝鮮にしてみれば、四発の弾道ミサイルをグアムに向けて撃つ計画を明らかにした以上、振り上げた拳《こぶし》をどこかに下ろさなければいけません。しかし、トランプ大統領の激しい反応を見てしまうと、グアムというアメリカの逆鱗《げきりん》に触れる場所に向けて発射するわけにはいかなくなりました。

それぐらい、アメリカは「グアム」という言葉に対して敏感かつ強烈に反応したのです。だから北朝鮮は、火星12型を襟裳岬の東という、アメリカの領土からはるか遠く離れるとともに、他の島嶼《とうしょ》国もない、人畜無害の場所を仮想グアムとして発射せざるを得ませんでした。とはいえ、「グアムを狙う」と公言したからには、それに足りる距離を飛ばす必要はあります。

ところが、八月二九日の一発目は、水平距離にして約二七〇〇キロメートル。北朝鮮からグアムまでは約三四〇〇キロメートルありますから、その方向に発射してもこれでは届きません。だから北朝鮮は二発目を九月一五日に発射しました。こちらは約三七〇〇キロメートルの水平飛行距離を記録し、グアムを射程にとらえたことを証明しています。

グアムに届く性能があることは分かったのですから、北朝鮮が強気の姿勢でいるならば、次はグアムに向けて発射したはずです。最低でも、北海道東方海域の仮想グアムに発射することはできたでしょう。八月の宣言は四発でしたから、残る二発も引き続いて発射することで、ようやく公約実現です。

しかし本稿執筆時点（二〇一七年一一月上旬）で、その動きはありません。八月二九日の実験も、日本の朝鮮半島併合記念日に行う対日警告にすり替えていましたし、その後の発言も、「日本を海底に葬る」など、アメリカを刺激することは微妙に避けています。これが、北朝鮮の「手詰まり」を示す一つの証拠です。

米国本土を射程に入れた火星14型

そもそも北朝鮮には、四発の火星12型を発射した後で打つべき「次の一手」がありました。火星14型の発射実験です。火星14型は火星12型よりはるかに射程が長い、大陸間弾道ミサイル（ＩＣＢＭ）です。

火星12型は米領のグアムに届くことが証明されましたが、その程度ではアメリカと対等な立場で交渉することはできません。なにしろアメリカのほうは、トランプ大統領の発言からも分かるとおり、すぐにでも北朝鮮本土で、「誰も見たことのないような事態」を起こせるだけの兵器を所持しています。

そもそも、アメリカと北朝鮮の軍事力には、北米・アラスカに生息する地上最強のグリズリー熊と、食べ物さえ十分でない瘠《や》せた小犬ほどの、圧倒的な差があります。北朝鮮が頼みとする火星12型も、アメリカにとっては、「それがどうした？？？」という程度のものです。その上で、アメリカが、火星シリーズや核弾頭開発等の能力評価を精緻に行い、戦略計画や作戦計画に反映させていることは言うまでもありません。

それに対抗するには、北朝鮮もアメリカ本土を直接攻撃できる能力を持つ必要があります。火星14型は八〇〇〇～一万キロメートルの射程があり、アメリカ本土の七～八割を攻撃対象にすることができます。その火星14型を、北朝鮮はこれまでに二度、発射しています。二〇一七年七月四日と、同月二八日です。

いずれも、角度を上げて高く打ち上げる「ロフテッド軌道」による発射でした。七月四日の一発目は高度約二八〇〇キロメートルまで上がり、これは水平距離では約八〇〇〇キロメートルに相当します。ハワイやアラスカなどが射程に入る距離とされています。

七月二八日の二発目はそれよりも長い距離を飛びました。高度は約三七〇〇キロメートル、水平距離に換算すると九〇〇〇～一万キロメートルです。これによって、ロサンゼルス、シカゴ、デンバーと主要都市が射程に入ると見積もられます。

火星12型は一回のロフテッド軌道による発射の後、通常軌道による発射に移行しました。これに対して、火星14型が、短い期間でロフテッド軌道による二度の発射実験を行ったということは、火星14型には、まだ技術的に詰め切れていない問題があるとも考えられます。火星14型はまだ完成したとは言えない段階と見積もってよいでしょう。しかし、ロフテッド軌道による発射実験を二回行ったということは、核弾頭搭載へ向けての準備が着々と進んでいることを意味しています。このことについては、のちほどあらためて取り上げます。

火星14型の性能をさらに証明するには、高く打ち上げるロフテッド軌道ではなく、火星12型の発射実験と同じように、水平方向に計画した長射程で撃ってみる必要があります。

もし、グアムを狙う発射実験に対してトランプ大統領があのような激しい反応をしていなければ、北朝鮮はその後も一気呵成に、アメリカ本土の近海に向けて、火星14型の発射実験を行ったはずです。しかしグアムにさえ敏感に反応したとなれば、その際にはどのようなリアクションがあるか分かりません。

火星12型の場合、グアムがアメリカ本土から遠く離れていることもあり、北朝鮮の念頭にあったのはグアムだとしても、アメリカをいたずらに刺激しないよう、グアムの方向を避けて発射を計画することができました。

しかし火星14型は射程が一万キロメートルと長いため、どこに向けて発射しても、アメリカに対する挑戦という、強いメッセージ性を持ってしまいます。諸条件を検討すれば、メキシコとハワイ諸島の中間海域が最も無難と考えられますが、そこであっても言い訳はきかず、アメリカを狙っているという事実を覆い隠すことはできません。

したがって北朝鮮は、技術的な問題を克服した後、火星14型をどこに向けて発射するかを決めかねているにちがいありません。

その発射実験を行わなければアメリカと対等な交渉のテーブルにはつけず、発射実験を行えばアメリカを刺激し、下手をすれば武力攻撃を受けてしまう。そういう二律背反の現実によって、北朝鮮は身動きがとれなくなったのです。

「アラスカのグリズリー熊」と「瘠せた小犬」の喧嘩

トランプ大統領は、二〇一七年九月一九日、ニューヨークの国連本部で行った演説の中で、「ロケットマン（金正恩のこと）は自爆行為に走っている」「米国と同盟国の防衛を迫られれば、北朝鮮を完全に破壊する以外に選択肢はない」などと発言しました。

これを聞けば、金正恩としても、これまでのように突っ走るわけにはいきません。新たな戦略を考えて、態勢を立て直す必要に迫られているはずです。

現在、我が国の一部には、今回の核ミサイル問題において、主導権を握っているのは北朝鮮で、アメリカが受け身に回っているという見方があります。本当にそうでしょうか。

二〇一六年秋以来、北朝鮮がミサイル発射と核実験を繰り返して「うるさく吠えたててきた」ことを見ると、たしかにアメリカに対して北朝鮮が優位に立っているように思えなくもないのですが、現実に北朝鮮の生殺与奪の権を持つのがアメリカであることは、明白な事実です。

アメリカに対して、そもそも北朝鮮の恐喝など効くはずもなく、アメリカは超然として、国際社会の動向を見極めながら、自分のペースでこの問題の解決を模索しています。

日本のメディアは、北朝鮮の火星12型の発射実験や水爆実験（二〇一七年九月三日）などがアメリカに対する「威嚇」や「脅迫」になっているかのように報道することが多いのですが、双方の軍事力の圧倒的な差を考えれば、その見方はナンセンスでしかありません。

繰り返しになりますが、両者の対立は、アラスカのグリズリー熊と朝鮮半島の痩せた小犬が喧嘩しているようなものです。どんなに小犬がキャンキャン吠えたところで、グリズリー熊がひるむことはありません。いつでも、一発のパンチで吹っ飛ばすことができます。

これまで北朝鮮は、自分たちがキャンキャン吠えれば、アメリカは恐れおののいて手を出すこともできないと思い込んでいました。

しかし、アメリカが今まで一撃必殺のパンチを繰り出さなかったのは、北朝鮮が怖かったからではありません。のちほど詳述しますが、クリントン、ブッシュ・ジュニア、オバマの歴代大統領たちは、さまざまな政治的事情によって、北朝鮮に対する軍事力行使を封印していただけなのです。

でも、トランプ政権は違います。これまでのアメリカは「外交交渉か、軍事力行使か」という二者択一で前者を選んでいましたが、現トランプ政権は、外交交渉と軍事力行使の両方をテーブルの上に出して話をしているのです。

中国・ロシアが賛成したことに意義があった国連制裁決議

国連安全保障理事会は、過去最大の核実験を行った北朝鮮に対する制裁決議を、九月一一日に全会一致で採択しました。ここでは、今まで北朝鮮への厳しい制裁に慎重な姿勢を見せてきた中国とロシアも賛成に回っています。

もちろん国連が決議したのは経済制裁ですが、アメリカとしては、これによって軍事力行使のお墨付きを得たと考えているでしょう。

表向き、あの決議ではアメリカが妥協したことになっていますが、そもそもアメリカの提案は中国やロシアが絶対にのめないような内容でした。あえて最初にそれを提示し、自分たちが妥協する形で、全会一致に持ち込んだわけです。

中ロを含めて全会一致となったことで、この制裁決議は、国際社会全体が北朝鮮を許さないという意思表示になりました。

そうなれば、アメリカは自分たちの都合で、やると決めたらやることができます。水面下で中国やロシアなどと情報交換はしているでしょうが、金正恩に核開発をやめるつもりがないとアメリカ自身が最終的に判断すれば、北朝鮮がどんな条件を提示してこようが、軍事力を行使するはずです。そのタイミングはアメリカが決めることであって、ミサイル発射や核実験等の北朝鮮の出方とは関係ありません。

北朝鮮が何をすればアメリカは軍事力を行使するのか

私はよくマスメディアの取材で、「北朝鮮が何をしたときにアメリカは戦争を始めるのでしょう」という質問を受けます。しかし軍事力行使の「レッドライン」を相手国の行動で設定するのは、賢い外交のやり方とは言えません。

実際、オバマ大統領時代のアメリカはシリア問題でそれをやって失敗しました。「シリアが非人道的な化学兵器を使用したときには、アメリカは軍事行動を起こす」とアサド政権に警告したのです。

アサド政権はアメリカの警告を無視して化学兵器を使用しましたが、オバマ政権はシリアへの軍事攻撃を実施しませんでした。自ら設定したレッドラインを越えても何も手を出さないのですから、世界から舐められても仕方ありません。

その後、中国が南シナ海の埋め立てを一気に進めたのは、そんなアメリカの姿を横目で見ていたからです。そういうこともありますから、レッドラインを決めて相手にボールを持たせるのは国際政治や外交上、得策ではありません。

相手がどう出るかは関係なく、自分たちにとって一番良いタイミングを見計らって、実行する。それが軍事作戦の要諦です。

すでにアメリカではマティス国防長官が、北朝鮮への対応には「多くの軍事的選択肢がある」と述べています。そこでは「韓国の首都ソウルが危険にさらされない方法も含まれている」とも語っています。かつて北朝鮮が、アメリカと軍事衝突が生じた場合には「ソウルを火の海にする」と言ったことを受けての発言でしょう。

そういう作戦があること自体は北朝鮮も想定していたでしょうから、それ自体は大きな衝撃ではなかっただろうと思います。

しかし、何度も繰り返しているように、自分たちを恐れて逃げると思っていたアメリカの高官が、ここまで踏み込んだ発言をしたことは、北朝鮮にとって想定外だったにちがいありません。あのマティス発言は、「アメリカはいつでも軍事作戦を始められるぞ」と北朝鮮に対して念を押すものでした。

こうしたアメリカ側の発言を「ブラフ（見せかけの脅し）」に過ぎないと見る人もいないわけではありません。

しかし、グリズリー熊と瘠せた小犬の喧嘩に、そんな細かい駆け引きは不要です。小犬のほうは少し前までグリズリー熊とチキンゲームをしているつもりだったのでしょうが、熊にとってそれはチキンゲームでも何でもなかったのです。

アメリカにしてみれば、最初から北朝鮮に脅迫されているとは思っていませんし、挑発されて頭に来ているわけでもない。慌てず騒がず淡々と状況を観察して、自分たちがいつ何をすべきかを見極めているだけです。

トランプ氏は北朝鮮にとって最も怖い大統領

トランプ大統領の数々の発言について、「北朝鮮側の挑発に乗せられて不用意なことを言っているので危なっかしい」と感じる人は多いでしょう。

たしかに、トランプ大統領のコメントはときに言葉足らずで、拙劣な印象があります。しかしアメリカが慌てる必要がないことは、トランプ大統領も分かっています。決してその場の感情に任せて、不用意に発言しているわけではないでしょう。それに、トランプ大統領があういう率直で直截的な表現をするからこそ、金正恩にもアメリカの意思が伝わったのだと思います。

トランプ氏以前の三人の大統領は、国際社会の一般的な規範にしたがって言葉を選びながら、北朝鮮とコミュニケーションを図っていました。しかし相手は国際社会の常識が通用しません。そのためアメリカの真意は伝わらず、北朝鮮側は自分たちの常識にしたがって、自らに都合よく勝手に解釈し、核とミサイルの開発活動を継続してきたのです。

ところがトランプ大統領の言葉はあまりにもストレートなので、そういう余地がありません。アメリカにも日本にも、トランプ大統領のいささか下品とも言えるキャラクターを嫌う人は大勢いると思いますが、北朝鮮にとっては怖い相手になっています。

クリントン氏以降の四人のアメリカ大統領の中で、北朝鮮が一番恐れおののいているのがトランプ大統領なのです。

トランプ政権の安全保障政策はオバマ政権よりはるかにマシ

また、日本ではトランプ大統領の危うさを心配する声がよく聞かれますが、少なくとも安全保障政策については、オバマ前大統領よりはるかにマシだと私は見ています。

もちろん、まだ就任からようやく一年なので、トランプ大統領の安全保障政策に点数をつけられる段階ではありません。しかし彼はすでに「答案」を書き始めています。

一方のオバマ前大統領は、在任中、安全保障に関してはほぼ何もしませんでした。

たとえばイランとの核合意（経済制裁解除と引き換えにイランが核活動を大幅に削減する）も、オバマ氏本人はその有効性をアピールしていましたが、ミサイル開発を合意の枠外にしてしまったので、イランは今も着々とそれを進めています。

ミサイルに搭載する核弾頭はつくれなくても、金に困った北朝鮮が、自国で開発した核弾頭をイランに売る可能性もあります。イランは間違いなく関連技術は入手するでしょう。相変わらず、世界は危機にさらされているのです。

また、オバマ政権は中国に対して全くの無策でした。そのせいで、中国は東シナ海や南シナ海に既成事実をどんどんつくり、その勢力範囲を広げています。

シリア問題でも、オバマ政権は事態を混乱させるばかりで何も結果を残せませんでした。

さらに言うなら、オバマ氏本人は核廃絶への姿勢が評価されてノーベル平和賞をもらいましたが、現実の世界では核廃絶など少しも進展してはいません。現に我々が北朝鮮問題で苦しんでいること自体が、彼のいい加減さ、無責任さを示していると思います。

トランプ政権に対しては、人事面での不安を抱く人も多いでしょう。たしかにトランプ政権はなかなか各省庁の主要上級スタッフが決まらず、さらには、いったん政権に加わっても解任や辞任で去っていく人が相次いでいます。足場が固まっていないので、その安全保障政策の行方が心配されるのも無理はありません。

しかし、局長クラスのポリティカル・アポインティ（政治任用）が進まない状態であっても、アメリカの国務省、国防省、CIAをはじめとする情報機関などはしっかりと機能しています。

それに、国防長官のマティス氏や国務長官のティラーソン氏、国家安全保障問題担当大統領補佐官のマクマスター氏など、いずれも純粋かつ公正な視点からアメリカの国益を考えられる人物であり、現状でも、まっとうな意思決定のできる陣容です。

たしかに、トランプ政権は、過去の政権とは体制ややり方が異なり、違和感と不安感が根強く残るのは理解できます。この点については、政権も改めるべきは改め、国内外の不安感の払拭《ふっしょく》に、これまで以上の配慮が求められるのは言うまでもありません。ですが、マスメディアを賑わせるスキャンダラスな側面ばかりに目を奪われていると、今のアメリカの力を見誤ることになります。

それこそ一九四一年の日本人も、多くはアメリカという国の実像を知らずに、その力を侮っていました。ジャズを聴き、ダンスに興じ、コーラを飲んで遊んでいるアメリカ人のイメージしか抱いていなかった一般の日本人は、「あんな国がまともに戦争なんかできるわけがない」とタカをくっていたのです。それで戦争を仕掛けてみたら、結果は無残なものでした。

国際情勢の判断に際し、このような誤りを二度と繰り返してはならないことを、我々は多大な犠牲を払って学んだはずです。しかし、最近の一部のマスコミや識者の議論を見ていると、心許なく思えるときがあるのは事実です。

アメリカが目指すのは奇襲による短期決着

では、アメリカと北朝鮮の対立は今後どうなるのか。

北朝鮮が核ミサイル開発をやめ、すでに製造した兵器の廃棄を行わないかぎり、アメリカの軍事力行使は現実のものになると私は思います。

核開発の一時的な「凍結」のような対応では、アメリカは妥協しません。戦争を回避するには、北朝鮮が核開発の全面的な放棄を約束し、国際機関による強制的な査察も受け入れる必要があります。

そして、現在までの北朝鮮の首脳や関係者の発言からは、そうなる可能性は極めて低いと言わざるを得ません。だとすれば、米朝開戦の「Xデー」はいつになるのでしょうか。

韓国国内の被害を最小限に食い止めたいアメリカとしては、奇襲によって北朝鮮の第二次攻撃能力を一気に無力化し、短期間で決着をつけることを第一に考えます。奇襲の効果が最も高まるのは、世界の誰もがやるとは思わないタイミングで仕掛けることでしょう。

だからこそ予想は難しいのですが、一つ考慮に入れておくべきなのは、二〇一八年二月九日から二五日まで、韓国の平昌《ピョンチャン》で冬季オリンピックが開催されることです。

オリンピックは平和の祭典でもあるので、大会の前後は、世界に友好的なムードが流れるでしょう。その中で戦争を起こすのは、今回のような緊急かつ正当な理由があるとしても、さすがのアメリカもやりにくい。したがって、考えられるのは、後述するように二〇一七年一二月から一月までのどこか、そこで踏み切らなければ、数カ月、具体的には四月か五月までは待つことになると思います。

しかし、そこまで時間を空けてしまうと、北朝鮮が火星14型の試験発射を行い、アメリカ本土に到達する大陸間弾道ミサイルとして完成させてしまうかもしれません。アメリカ本土を射程に入れた核弾頭ミサイルを手に入れた瞬間に、北朝鮮は痩せた小犬ではなくなります。それだけでグリズリー熊になるわけではありませんが、一発で熊に深手を負わせることができる武器を持った狂犬になる。私自身は二〇一八年六月いっぱいには、完成するのではないかと見ています。

北朝鮮がアメリカを核で抑止できるようになれば、今までのような、アメリカから体制保障を取りつけるための努力は必要なくなります。逆にアメリカこそ、やりたい放題をする北朝鮮を抑止できないばかりか、かえって北に抑止されるという事態に陥ります。

火星14型と小型核弾頭実験のタイミングをうかがう北朝鮮

北朝鮮の発表によれば、二〇一七年九月三日に行った水爆実験の成功で、北朝鮮は火星14型に搭載する核弾頭を手に入れました。しかし、それを搭載して飛ばすミサイルのほうは、未完成だと思われます。

先に述べたように、火星12型が、一回のロフテッド軌道による発射実験だけで、次は通常軌道による発射実験に移行したのに対し、火星14型は、七月四日と二八日、ロフテッド軌道で連続して二回発射実験をした後も、通常軌道発射に移行していません。していないというより、おそらく移行できなかったのでしょう。このことから、火星14型のミサイルには、技術的問題が残っている公算が大きいと思われます。

一方、火星12型のほうは、八月二九日の、最初の通常軌道による発射実験は、飛距離は水平距離で約二七〇〇キロメートルでした。これはグアムには届かない距離であり、弾道ミサイルとしての飛翔には成功したものの、軍事用のミサイル発射実験としては失敗だったと考えられます。

九月一五日の二回目では、不具合を改善した結果、約三七〇〇キロメートルと、余裕を持ってグアムに到達する距離でした。完全な成功です。このことから、火星12型ミサイルは完成したと見ていいでしょう。

ただし、こちらに搭載する核弾頭は、火星14型よりも小型化する必要があり、北朝鮮当局は、まだ完成したと発表していません。

つまり、今、北朝鮮の核弾頭ミサイル開発には、一種の「ねじれ現象」が起きていることになります。火星12型はミサイルが完成したものの、核弾頭がない。火星14型は核弾頭が完成したけれど、ミサイルが未完成ということです。

両方を実戦配備可能にするには、火星12型用の水爆実験と、火星14型ミサイルの通常軌道での発射実験を成功させる必要があります。北朝鮮としては、これら二つの実験を、できるだけ速やかに行いたいと考えているはずです。

ただし、グアムに届く火星12型も、アメリカ本土に届く火星14型も、アメリカの逆鱗に触れて反撃を食らう恐れがあります。どのタイミングで実験するかは、アメリカの出方を観察し、慎重に見極める必要があります。

しかしそれをやらなければアメリカに対抗できないのですから、いつか必ずやるつもりでしょう。本稿執筆時点（二〇一七年一一月上旬）で、北朝鮮は約二カ月もの沈黙を守っていますが、本書が刊行されるまでのあいだに、何らかの形で実行に移している可能性もあります。（64ページに追記あり）

最も早い「Xデー」のシナリオとは？

いずれにしろ、それらの実験が成功して北朝鮮が二種類の核ミサイルを使えるようになると、アメリカも迂闊《うかつ》に手を出せません。北朝鮮を核保有国と認めた上で、新たな交渉の道を探らざるを得ない状況になる可能性もあります。アメリカにとってそのような展開は、絶対に避けなければいけないのです。

とはいえ、先にお話ししたように、平昌オリンピックの直前に朝鮮半島で戦争を始めるわけにもいきません。短期決戦で片づける自信があるとしても、オリンピック開幕の一カ月前には終わらせたいところでしょう。

だとすると、最も早いタイミングとしては、二〇一七年一二月から年明けの一月までのどこかで開戦（そして即座に終戦）というシナリオが、現実味を帯びてきます。

誰もが「やる」と思わないタイミングとなると、クリスマスという選択肢もあるでしょう。オリンピックのことを考えると、クリスマスからニューイヤーまでの時期がギリギリのタイミングになります。

アメリカにとって厄介なのは、手詰まりになった北朝鮮がしばらくのあいだ、国際社会を刺激する悪事を働いていないことです。国際世論が「北朝鮮はおとなしくなった」と感じていると、軍事力を行使しにくいからです。

先に述べたように、北朝鮮が火星14型の発射実験をしたくてもできないのはたしかですが、アメリカの軍事行動を恐れる金正恩がそれを逆手にとって、あえておとなしくしている可能性もなくはありません。

しかし前述したとおり、開戦するか否かは北朝鮮の出方によらず、アメリカ自身が決めることです。自らの情報収集によって、アメリカ本土を射程に入れる核ミサイルが完成間近であることを察知すれば、躊躇なく軍事行動を起こすでしょう。北朝鮮に対しても、「必要と判断したときには本当にやるぞ」というメッセージを、公式・非公式双方のいくつかのチャンネルを使い、何らかの形で送っているはずです。

単なる「アメリカと北朝鮮の戦争」ではない

おそらく、その軍事行動は「米韓合同作戦」にはなりません。今回、北朝鮮軍に対して想定される攻撃のような、目標は限定するものの航空戦力を大規模に集中させる短期急襲作戦においては、韓国軍はかえって足手まといになるので、米軍の単独作戦となります。

そして、北朝鮮が残存戦力で何らかの反撃を試みたときには、普段から演習・訓練している米韓合同作戦計画に基づいて、共同して侵攻排除にあたるものと考えられます。

では、そのとき日本はどうすべきなのか。アメリカと北朝鮮の戦争とはいえ、日本はアメリカの同盟国ですから、単に傍観するわけにはいきません。

もちろん、極めて近い場所で起きる戦争ですから、まずは我が国の国土と国民を守るために厳重な警戒監視を行い、ミサイル防衛体制をはじめとする自衛措置を十全に行うことが求められます。

しかし、果たしてそれだけでよいのでしょうか。

平和安全法制の成立によって、日本は米軍の後方支援などをできるようになっています。

それをやるかどうかは、政府の決断次第です。米軍の北朝鮮攻撃作戦において、集団的自衛権の行使を想定した、自衛隊が米軍に直接加わる形での共同作戦がないのは当然ですが、米艦防護や物資補給等の後方支援などは実行可能です。

もしそれをやらなければ、我が国に対する国際社会の評価は急落するにちがいありません。これは単なる「アメリカと北朝鮮の戦争」ではないからです。

米艦防護や後方支援を通して、日本がこの戦争に加担することになれば、「アメリカの戦争に巻き込まれた」「安倍政権はトランプの片棒を担ぐのか」などといった反発が起きることでしょう。

でも、それは根本的な認識が間違っています。北朝鮮の主敵はたしかにアメリカですが、あの国が核武装することは、人類社会全体に対する挑戦だからです。

もし国際社会が北朝鮮の核兵器保有を許してしまえば、核の拡散はそこでとどまりません。次はイラン、さらにサウジアラビアやエジプトなどの中東諸国が核武装に踏み出すでしょう。また、南米でもブラジルがその野心を抱いています。ブラジルが核を持てば、アルゼンチンやチリも持たざるを得なくなる公算が大です。

世界が制御不能な核兵器拡散の地獄を見る「負の連鎖」を早い段階で食い止めるのが、

この戦争の最大の眼目です。言い換えれば、唯一、北朝鮮の悪だくみを食い止める意図と能力を有するアメリカが、人類社会の代表として行う作戦が、北朝鮮攻撃なのです。

だからこそ、アメリカの戦いを日本が黙って座視していたのでは、国際社会の理解を得られません。この恐るべき核の拡散を食い止める戦いを支援することこそ、国際平和への貢献となります。それは、唯一の被爆国である日本の、国際的な責務であるとも言えます。

北朝鮮が日本を核攻撃する可能性は小さい

アメリカが北朝鮮を攻撃した場合、北朝鮮が日本の国土を反撃の対象にするのではないかと心配する人は多くいます。すでに北朝鮮は何度も日本近海にミサイルを飛ばしているので、それを恐れるのも無理はありません。そのような危機を訴えるテレビの番組や雑誌の記事も多くあります。

もちろん、先ほども述べたとおり、北朝鮮の攻撃に備えて警戒監視などを行い、ミサイル防衛体制を強化することは当然です。しかし、北朝鮮の主敵はあくまでも米軍であることを忘れてはいけません。

北朝鮮が、アメリカとの戦争を優位に進めるために必要だと判断すれば、日本を攻撃するかもしれません。しかし、その可能性は極めて低いと私は考えます。日本を核攻撃すれば、北朝鮮はアメリカからの反撃、それも核反撃のリスクを負うことになるからです。

たとえば東京や大阪のような大都市、あるいは全国各地の原子力発電所などのような戦略目標に、北朝鮮の核弾頭ミサイルが撃ち込まれれば、日本は大きな損害を受け、大混乱に陥ります。

でも、それが北朝鮮に何のメリットをもたらすのか。それによって得られるのは、せいぜい精神的な爽快感のようなものに過ぎません。

そんなことのために、米軍からの国土消滅に近い反撃リスクを負うのは、あまりにもバカげています。気持ちがスカッとした翌日には、北朝鮮という国そのものが米軍の攻撃によって蒸発してしまうかもしれないのです。

重要なのは、日本近海へのミサイル発射や、メディアを通じた威嚇は、北朝鮮の我が国に対する心理戦であるということです。この心理戦により、米軍への支援を躊躇（反対）するムードが国内で高まり、最終的に日米同盟が弱体化すること、これこそが北朝鮮の狙いであることを、一時とも忘れてはなりません。

在日米軍基地が北朝鮮の標的になると考える人もいますが、これも同じ理由でほとんどあり得ません。

アメリカは、北朝鮮がグアムへのミサイル発射計画を明らかにしただけでも、激しく反応しました。アメリカにとって在日米軍基地は、世界戦略上、グアムの何倍も重要な拠点です。そこが北朝鮮の攻撃を受ければ、自国の本土を攻撃されたときと全く同じように反発するでしょうし、その反撃が徹底したものになることも明白です。たとえ在日米軍基地が攻撃によって機能不全に陥ったとしても、アメリカはハワイや本土からいくらでも北朝鮮に反撃できます。北朝鮮に、在日米軍基地を攻撃する戦略的メリットは全くありません。

グアムの件でアメリカの「逆鱗」に触れることの恐ろしさを知った北朝鮮が、在日米軍基地を攻撃することはまず考えられません。そういう軍事的な合理性のない作戦について、現実味があるように語るのは、小説の中だけにすべきでしょう。

なぜそのように言い切れるのか。

詳しくは次章以降でお話ししますが、北朝鮮の最終的な目的は、金正恩をトップとする国家体制存続の保障にあるからです。それにつながらない軍事作戦は、基本的にあり得ません。米軍の本気の反撃を受ければ、国家体制どころか国家そのものが消え去ってしまうのです。

ただし、軍事的な合理性のない作戦を実施する可能性はゼロではありません。それは、北朝鮮が全てを諦めて自暴自棄になったときです。

そんなことになる前に、国際社会は何としても北朝鮮の暴走を止めなければいけない。そのための、「北朝鮮という国家体制は残すものの、人類社会に害毒を垂れ流す核とミサイル能力は排除する最終手段」が、アメリカの軍事力行使でもあるのです。

「東京・ソウルへの核攻撃で死者二一〇万人」の現実味

北朝鮮情勢の分析を行う「38ノース」というアメリカのウェブサイトでは、北朝鮮が東京とソウルに核攻撃を行った場合、約二一〇万人の死者が出るという推計を発表していました。しかしこの数字も、根拠となる条件を正確に理解しないと、現実を踏まえたものとは言えなくなります。

たしかに、アメリカや日本が何も手を打たずに一方的に核攻撃を受ければ、多大な被害が生じるでしょう。しかしアメリカはすでに、THAADミサイル（終末高高度防衛ミサイル）を韓国に配備しました。

日本も、イージス艦による弾道ミサイル防衛（Ballistic Missile Defence BMD）と、地上配備型迎撃ミサイル・PAC3によるミサイル防衛体制を整備しています。有効に機能するミサイル防衛システムを配備している国は日本とアメリカ、そして中東のイスラエルです。国際的枠組みとして、欧州では、イージス・アショアという陸上型のミサイル防衛システムの配備も始まりました。このような現状の中、日本のミサイル防衛システムは、世界の中でも最も進んだものと言えます。

しかもアメリカは、北朝鮮が核装備を完了する前に叩くのですから、38ノースが推計したような、手をこまぬいたまま無防備で北朝鮮に核攻撃を許すという事態が起きることはありません。

また、仮に北朝鮮が日本攻撃用の一〇〇発のノドンミサイルを用意していたとしても、それを一度にまとめて発射するのは不可能です。世界的に定評のある国際戦略研究所が発行する「ミリタリーバランス」によれば、北朝鮮には、ノドンの発射基が一〇基しかありません。稼働率等も考慮すれば、一度に撃つことが可能なのはせいぜい八発までです。北朝鮮による先制攻撃の直後に、米軍が反撃して発射基を破壊すれば、弾薬庫に残っている九二発は、以後発射することができなくなります。

ミサイルが一発日本に落ちても自衛隊は防衛出動しない?

とはいえ、目と鼻の先にある朝鮮半島で戦争が起これば、日本が受ける被害はゼロというわけにはいかないでしょう。韓国には大勢の在留邦人がいますし、自衛隊員もリスクにさらされます。

日本本土に対する一定規模のミサイル発射やゲリラ攻撃も当然、想定すべきです。そのような戦争の現実を直視する必要があります。

米朝間の戦争が始まる前に、北朝鮮が日本を攻撃のターゲットにする可能性もないわけではありません。先ほど、日本を攻撃しても北朝鮮にはメリットがないという話をしましたが、一つだけ例外があります。「日米同盟の分断」です。

北朝鮮の主敵はアメリカであって日本ではありませんが、日米安保条約で両者が結びついている以上、北朝鮮にとって日本は「アメリカの一部」です。その「一部」を攻撃することで、アメリカへの支援体制を崩壊させることができれば、自分たちの戦いを有利に進めることができます。

とはいえ下手に日本を攻撃して、自衛隊が個別的自衛権の発動としての防衛出動を行う事態になれば、当然、米軍も日米安保条約に基づき、北朝鮮への反撃を行います。北朝鮮としては、それは避けなければいけません。日本を攻撃しても米軍が動かないようなギリギリの線を狙う必要があります。

そのような攻撃は可能なのでしょうか。

まず、「攻撃しても自衛隊が防衛出動しない」という事態は、理論上は十分あり得ます。これを聞くと驚く人が多いのですが、たとえば北朝鮮から飛来したミサイルが一発、日本の都市に落ちても、これまでの政府解釈や国会での論議の内容を厳密に適用すると、それだけでは自衛隊に防衛出動を下命できない可能性があるのです。憲法九条を持つ日本は、自衛権の発動に対して厳しい制約を課しているからです。

国連憲章五一条は、加盟国に対する「武力攻撃」があった場合、「個別的又は集団的自衛の固有の権利を害するものではない」としています。ならば北朝鮮のミサイル攻撃に対して、日本が自衛権を行使するのは当然だと思われるでしょう。「ふつうの国」はそう考えます。

しかし日本は、どんな攻撃に対しても自衛権を発動できるわけではありません。国連憲章五一条の「武力攻撃」を、日本政府は「一国に対する組織的計画的な武力の行使」と解釈しています。つまり、受けた攻撃が「組織的」で「計画的」なものであることが明らかにならないかぎり、日本は個別的自衛権を行使できず、それが証明できないあいだは、自衛隊に防衛出動を命じることもできないのです。

もし、相手国の政府による宣戦布告も事前通知もなしに、突如としてミサイル攻撃を受けた場合、ただちにそれが相手国による「組織的」かつ「計画的」な武力攻撃と見なせるでしょうか。

常識的には誰もがそうだと思っても、厳密に考えれば、そして今までの国会論議の内容も加味すれば、それは不可能となります。明確な根拠なしに政府が「これは組織的計画的な攻撃だ」と見なして自衛権を行使すれば、国会で「従来の政府見解に違反している」と抗議されるかもしれません。

北朝鮮が日本を攻撃するリスクとメリット

とはいえ、現実に日本へ向けてミサイルが発射されれば、自衛隊は持てるミサイル防衛システムを駆使してそれを撃ち落とすでしょう。しかし、それは自衛権の発動としての防衛出動ではありません。法的には、間近に迫った危機に対する「緊急避難」「正当防衛」としての破壊措置になります。

いずれにしろ、飛んできたミサイルを破壊できるなら同じことだと思う人もいるかもしれません。しかし少なくとも北朝鮮にとっては、それが日本の「自衛権の行使」か否かで大きな違いがあります。

というのも、日米安保条約によって、日本は自国の「盾」となり、米軍は敵地攻撃もできる「矛」の役割を果たすことになっていますが、米軍が出動するのは、常識的には日本が個別的自衛権を行使するときだけでしょう。日本が緊急避難的に対応した場合、自衛権行使のために自衛隊さえ防衛出動はしていないのですから、米軍の出番はないと考えられます。このようなケースなら、北朝鮮は、米軍の反撃を食らうリスクがないわけです。

では、仮に北朝鮮がギリギリの攻撃ができたとして、それがなぜ「日米同盟の分断」をもたらすのでしょうか。日本が自衛権を行使しなければ米軍も日本の「矛」にはならないとはいえ、その時点で日米安保体制は微動だにしません。

しかし、もし北朝鮮が日本の首都である東京にミサイルを撃ち込んだら、どうなるか。当然、大変な被害を受けた国民は戦争の恐怖におののき、日本国内は大混乱に陥ります。北朝鮮の主敵が日本ではなくアメリカであることは分かっていますから、一部のマスコミや世論は、「アメリカの戦争に巻き込まれてひどい目に遭った」とアメリカを悪者にし、

「そもそも日米同盟がいけない」と日米安保体制自体を否定するかもしれません。

攻撃を受けたのが大阪や福岡など首都東京以外の都市であれば（地元の方には失礼ですが、仮の話です）、政府の意思決定機構・機能が破壊されることはありません。国内は大混乱に陥るでしょうが、政府が機能不全に陥ることはないでしょう。

しかし東京の中心部が攻撃されれば、首相官邸をはじめとする日本の政府そのものが、攻撃とその余波という戦争に直接巻き込まれる公算が大です。首相官邸が直撃される、あるいは至近距離にミサイルが着弾すれば、官邸機能も混乱は避けられません。

一種のパニックに陥った政府が、混乱し、「アメリカの戦争への巻き込まれ論」や「アメリカ悪者論」に押しまくられ、一時的にせよ米軍への支援などを中止する決定を下す可能性はゼロではありません。

もちろん、そうはならないことを信じますが、このような事態は理論上あり得ることです。過去に、そのような決心をしそうな指導者がいたことは事実ですし、そのような論陣を張る恐れのある野党や一部マスコミが存在することも事実でしょう。

もし日本が米軍を支援せず、日本列島が最前線基地としての機能を失ったとしたら、アメリカの軍事上の大前提が崩れることになります。そうなれば、アメリカは、北朝鮮への対応を根本的に考え直す、あるいは考え直さなければならない局面に追い込まれることになるでしょう。

以上のような理由から、アメリカという脅威を少しでも弱体化したい北朝鮮にとって、首都東京、特に官邸を中心とする日本の意思決定中枢へのギリギリの攻撃ができれば、それは大きなメリットになる可能性があります。

問われているのは核兵器拡散の地獄絵図を食い止める覚悟

もちろん、今述べてきたようなシナリオは、北朝鮮にとって極めてリスクの高いオプションです。

ミサイル攻撃を日本政府が「組織的計画的な」攻撃と見なせば、自衛隊は防衛出動し、米軍も北朝鮮を攻撃する可能性が高いのです。また、たとえ米軍が軍事作戦を回避したとしても、混乱した日本政府が米軍への支援を打ち切るとはかぎりません。日本は混乱しながらも、アメリカ支援を続けるだろうと思います。

したがって北朝鮮としては、よほど打つ手がなくなって追い込まれないかぎり、日本を攻撃することなどできないはずなのです。

ただ、このようなシナリオを現実的なものとして考えることは、日本人にとって意味のないことではありません。

二〇一七年一〇月の衆議院総選挙で安倍政権が強い支持基盤を得たことで、今後は九条の問題を中心とする憲法改正論議がますます活発になります。アメリカと北朝鮮の対立という具体的な危機を前にすれば、安全保障問題に対する国民の考え方は、従来と違った、より現実を踏まえたものになるのではないでしょうか。

安倍首相は憲法九条の一項と二項を残したまま、新たに設ける三項で自衛隊の存在を明記するという改憲案を示しています。その三項は「陸海空軍その他の戦力は、これを保持しない」と定めた二項との整合性に問題があるため、反対論も根強くあります。

とはいえ、二項を変更することに抵抗感を抱く国民が多いのも事実です。自衛隊を「陸海空軍その他の戦力」と見なさない解釈には疑問を感じつつ、「わかっちゃいるけどやめられない（変えられない）」のが九条二項なのかもしれません。その意味で、安倍首相の「加憲案」は、二項を変えたくない国民を九条改正に賛成しやすくするための、現実路線だと見ることもできます。

しかしいずれにしろ、憲法九条を改めただけで自衛隊の「使い方」が変わるわけではありません。実際に自衛隊の行動を決めるのは、憲法の下に位置する自衛隊法をはじめとした法令です。改憲がなされたとしても、自衛権に関する政府解釈や自衛隊法が変わらないかぎり、防衛出動の条件も変わりません。憲法が改正されたとしても、東京にミサイルを撃ち込まれた場合に緊急避難としての破壊措置しかできず、自衛権を行使することができない恐れは残るのです。

日本にそのような制約があるゆえに、北朝鮮が「日本の首都攻撃」という軍事オプションを持つことが可能になっている。そう考えれば、自衛権行使の条件を見直すべきだと思う国民は多いのではないでしょうか。そして、そのためには、自衛隊法の見直しが必要であり、自衛隊の位置づけを変えるには憲法九条の改正が求められるのです。

そういう国民的な大テーマに取り組む上でも、私たち日本人は今目の前にあるアメリカと北朝鮮の軍事対立にどう関わるかを考え、勇気を持ってその対応を決断しなければなりません。

北朝鮮の核とミサイルの保有を引き金とする無制限な核兵器の拡散が、人類社会の現実を「地獄絵図」と化すのを防ぐために、日本はどれだけの犠牲を払う覚悟があるのか。今私たちに投げかけられているのは、そういう問題です。

第一章から結論めいた話をしてしまいましたが、次章からは、現状に至るまでの歴史的な経緯などを踏まえながら、北朝鮮の核開発やアメリカの立場などについて、より詳しく私なりの分析を述べていきたいと思います。日本の安全保障のあり方についても、さまざまな角度からお話しすることになるでしょう。

誰もが願う世界平和のために、今日本にできることは何なのか。それを考え、決意を固める上での一助になれれば幸いです。

追記

二〇一七年一一月二〇日、トランプ大統領は北朝鮮を「テロ支援国家」に九年ぶりに再指定すると発表しました。九年前の解除は、それだけの理由がなかったにもかかわらず、当時のブッシュ・ジュニア大統領が任期切れ前に外交上の成果を挙げるために踏み切ったものでした。その意味では、本来あるべき姿に戻ったと言えます。再指定を受けて追加の経済制裁が行われますが、アメリカはすでに様々な経済制裁を課しており、北朝鮮にとって実質的に大きな変化はないでしょう。ただ、アメリカが国連決議に歩調を合わせることをあらためて強調したことで、北朝鮮を国際的に孤立させる効果はあると考えられます。

そして一一月二九日、北朝鮮は七五日ぶりとなるミサイル発射実験を行いました。高度四〇〇〇キロメートルと、これまで最高度のロフテッド軌道によるもので、三つの飛翔体が確認されたことから、ICBMの火星14型系列である公算が大です(北朝鮮は新型ICBMの火星15型と発表)。火星14型系列は二段階式で、切り離しがうまくいくと、三つの飛翔体に分かれるからです。火星14型系列では、七月に続く三度目のロフテッド軌道による発射実験で、これでかなり完成に近づいたと思われます。前回の発射実験以来、北朝鮮はアメリカを恐れつつ実験は行う必要があるという手詰まり状態で、次のタイミングを見極めていました。テロ支援国家に再指定されたことは、北朝鮮にとってのレッドラインになったと言えるでしょう。

第二章

核・ミサイル開発への執念

「トランプVS金正恩の裏側」
(「正論」二〇一七年六月号掲載)を改稿

危機は急に高まったわけではない

北朝鮮の核ミサイル開発をめぐるアメリカと北朝鮮の対立は、北朝鮮の狂気の挑発に対し、アメリカが強い姿勢を打ち出し、エスカレートしたように見えたかもしれません。朝鮮労働党委員長の金正恩が、二〇一七年一月一日に大陸間弾道ミサイル（ＩＣＢＭ）の発射実験準備が「最終段階」に達したと表明。その後も、ミサイル発射を繰り返しました。

大陸間弾道ミサイルとは、たとえばユーラシア大陸からアメリカ大陸まで飛翔するような、射程が超長距離の弾道ミサイルのこと。弾道ミサイルとは、ロケットで大気圏外の高度に打ち上げ、目標に落下させるミサイルのことで、大砲のような弾道（放物線）を描くことから、そのように呼ばれます。

北朝鮮の表明を受けて、アメリカのトランプ大統領が、原子力空母カールビンソンを朝鮮半島近海に移動させることを決定した結果、両国間の緊張が高まった――日本の新聞やテレビを追うだけでは、そう見えたのもやむを得ません。

しかし、実際には、そのような単純な構図ではありません。この事態が起きる可能性は、二〇一六年から徐々に高まっていたと言えます。

私は二〇一六年秋には、米朝の軍事衝突の可能性が二〇~三〇%になっていたと分析し、機会をとらえて警告を発していました。その可能性が、二〇一七年一月一日のICBMの発射実験準備「最終段階」宣言でさらに高まり、トランプ政権誕生によって、より現実味を強めていったのです。

もちろん、北朝鮮もアメリカも、自らのメンツだけにこだわって対立をエスカレートさせたのではありません。まして金正恩が自暴自棄になっただとか、トランプ大統領が感情的になっただとか、そういう話でも断じてありません。

単純に言えば、北朝鮮は自国の存続のために、米本土に届く核ミサイルを開発することで、アメリカを交渉の場に引きずり出そうとした。アメリカは、多数の自国民が核ミサイルによって死ぬ事態だけは、絶対に避けなければならないと考えた。

現在の対立は、その両者が、ギリギリの政治戦と神経戦を繰り広げた結果なのです。

北朝鮮の最終目標はアメリカに現体制を認めさせること

なぜ北朝鮮は、ここまでのリスクを冒して、核ミサイル開発にこだわってきたのでしょうか。

それは、北朝鮮の現在の国内体制を存続させることについて、アメリカの保障を取りつけるためです。

今の北朝鮮の国家目標は、金正恩を中心とする国家体制の確立と維持です。どんなに自国民が窮乏しても、金正恩体制を守ることが第一の国家目標であるのは、明らかなことです。

では、その北朝鮮の体制を保障してくれるのは、誰なのか。さまざまなルートを通じて資金や経済的な利益をもたらしてくれる中国でしょうか。いや、違います。もちろん、ロシアでも韓国でもありません。

歴史的に、アメリカによって国家体制を潰されるかもしれないという恐怖心を抱いてきた北朝鮮は、その裏返しとして、アメリカによる現体制の保障を求めているのです。

北朝鮮は、朝鮮戦争（一九五〇年開始、五三年に休戦）で、緒戦での優勢の後、攻守ところを変えるきっかけとなった仁川《インチョン》上陸作戦（国連軍が一九五〇年九月一五日に韓国・ソウルの西方約二〇キロにある仁川に上陸し、北朝鮮からソウルを奪還した戦闘）以降、米軍により一度は敗北ギリギリまで追い詰められました。当時の指導者、金日成は、自分たちではなすすべもないまま、中国とソ連の参戦と支援によってかろうじて戦勢を回復し、休戦（引き分け）に持ち込みます。それによって金体制は生き永らえることができました。

この実質上の敗北、悲惨な経験を、決して自分たちでは認めていませんが、北朝鮮はこのとき以来、自国の生存に無策であれば、アメリカにより国家を潰されるという恐怖に苛《さいな》まれることになったのです。

そして冷戦期に入り、米ソの核均衡時代になっても、北朝鮮は軍事的に存在を保障されたとは言えませんでした。韓国に米軍が駐留したのに対し、ソ連も中国も北朝鮮に大規模な駐留軍を置くことがなかったからです。

核・ミサイル開発は唯一の手段

今日、北朝鮮は、各種の軍事装備を保有し、量的には世界有数の大規模な軍事力を有しています。同時に、約二五年にわたり核と弾道ミサイルに偏って国家資源を過重に投資し続けた結果、米韓合同軍に対して真に有効な通常戦力は、決して十分ではありません。

三八度線からさほど離れていないソウルを「火の海にすることができる」と豪語する長距離砲兵隊と、韓国軍や米軍でも完全な封殺が困難な、特殊部隊による奇襲やゲリラ戦及びサイバー戦の能力だけが北朝鮮の頼みとなる存在です。

朝鮮戦争の休戦以降、北朝鮮は、もともと豊かではない国力の大部分を軍事力の構築に振り向けることにより、かろうじて南北の軍事的均衡を維持してきました。

さらに一九九〇年代以降は、通常戦力を維持するよりもはるかに大規模な国家資源の投入が必要となる、核兵器と弾道ミサイル開発に着手します。その代償として、北朝鮮の通常戦力の近代化は大きく遅れました。

その結果、大規模かつ本格的な通常戦力による正面衝突を有利に戦って勝利するために必要な軍事力がなく、その基盤となる人的資源も経済力もありません。

たとえば潤沢と考えられている人的資源ですが、北朝鮮の総人口二五〇〇万人に対して、正規軍は一二〇万人、準軍隊は二〇〇万人です。赤ん坊から老人まで、全人口の約一八人に一人が軍役に就いているという計算になります。徴兵制を敷く隣国韓国の、約七五人に一人という値と比較しても、北朝鮮の人的資源がいかに延び切っているかが分かります（「ミリタリーバランス2017」による）。自国がそのような状況になっていることを、北朝鮮自身が最もよく認識しています。

そのような現実の中で、アメリカから国家体制の存続について保障を取りつけるための唯一の手段が、核兵器とアメリカに直接到達するＩＣＢＭだったのです。

冷戦崩壊でソ連の技術が流出した

もし核弾頭と米本土に届くＩＣＢＭがあれば、たとえその数は少なくとも、北朝鮮は、アメリカの一般市民を大量に殺傷し得る能力を、アメリカに示すことができます。この能力は、アメリカに対する巨大な脅威になるので、それと引き換えに、現在の金一族を中心とする超中央集権・独裁全体主義国家体制に対する保障を引き出せる——それが北朝鮮の論理なのです。

北朝鮮は、先に述べた朝鮮戦争の教訓から、初代指導者の金日成の時代に、核ミサイル開発を構想したと見られています。同時に、原子炉建設なども試みられました。

しかし、朝鮮戦争停戦直後の経済状況下での物的資源といい、核やロケット技術者などの人的資源といい、文字どおり「ゼロ」から出発した北朝鮮にその余裕はありません。特に、当時の北朝鮮の技術水準から考えて、弾道ミサイル・核兵器の両者とも、その実現は全くの夢物語でした。

友好国であったソ連、中国から技術面の協力が得られなかったことも、その大きな原因でした。それどころか、アメリカがソ連に働きかけた結果、一九八五年、北朝鮮は核不拡散条約（ＮＰＴ）に加盟させられ、国際原子力機関（ＩＡＥＡ）の監視下に置かれることになりました。

それでも北朝鮮が核開発を諦めることはありませんでした。そして一九八〇年代末に、冷戦が終わったことで、図らずも事態が好転することとなりました。

ソ連の崩壊によって、同国の核及びミサイル技術のノウハウと技術者が国外に流出を始めるという、いわゆる大量破壊兵器（Weapons of Mass Destruction　ＷＭＤ）の拡散が始まったのです。

これによって、それまではとても核兵器など持てるはずもなかったパキスタンやイランと同様、北朝鮮も、これらの技術者の助力を得て、核開発を本格的に行うことが可能になりました。そのような環境の下、自国による核兵器の開発が可能になったと判断した北朝鮮は、一九九三年三月にＮＰＴ脱退を宣言します。

「瀬戸際外交」ならぬ「食い逃げ外交」

これに対してアメリカは、北朝鮮に対して核開発の中止（核放棄）を求めてきました。

しかし、北朝鮮の核問題が顕在化して以来二四年間、クリントン、ブッシュ・ジュニア、オバマの三人の歴代大統領は、北朝鮮に核を放棄させるための手段の一つである軍事力の使用をためらい、事実、使用しませんでした。

そして軍事力行使とは逆に、国連による経済制裁と、六カ国協議における対話による核放棄を期待してきたのです。

しかし、北朝鮮は、各種の制裁を受けても、核開発をやめることはありませんでした。アメリカ単独の交渉や六カ国協議、そして国連決議等の対話や制裁は、その開発ペースをやや遅らせること以外に何もできなかった、というのが現実です。

一時的な開発停止でいったん合意して制裁解除と各種援助再開という利益をとると、約束を実質的に反故にしてきたことは周知の事実です。これは、よく言われる北朝鮮の「瀬戸際外交」ならぬ「食い逃げ外交」であり、関係国は繰り返し、その術中にはまったのです。

たとえば、クリントン政権では、北朝鮮国内での核開発の凍結、国交正常化への道筋をつけるという枠組みで合意しましたが、北朝鮮は開発をやめませんでした。

クリントン大統領は、いったんは北朝鮮の爆撃と地上軍による攻撃も計画しながら、北朝鮮の反撃による大被害を極度に恐れた韓国の強い反対もあり、結局は実行に至りませんでした。

韓国の事情への配慮といった背景もあったわけですが、現実はクリントン大統領自身に、この問題の本質や深刻さを見極める洞察力が欠けていたのだと、私は考えます。その結果、クリントン大統領が、軍事力をもって北に立ち向かうという断固とした気概と意志を持つこともなかったのです。

当時のアメリカはまだ、冷戦の勝利と、サダム・フセイン大統領率いるイラク軍のクウェート侵入を、完全試合により排除し軍事的勝利を得たという美酒に酔いしれていました。クリントン大統領は北朝鮮の核開発について真剣に向き合おうとしていなかったのです。

ブッシュ・ジュニア大統領も当初、北朝鮮を「悪の枢軸」と非難し、テロ支援国家だとします。しかし、結局は、自らの任期の最後の段階でそれを取り下げました。

次のオバマ大統領に至っては、北朝鮮問題に関する軍事力行使というオプションを完全に放棄し、米軍（太平洋軍）の北朝鮮への攻撃計画を金庫にしまい、鍵をかけて封印までしたと言えます。

このように、クリントン大統領が就任し、北朝鮮の核疑惑が顕在化した一九九三年から、オバマ大統領が退任する二〇一七年までの二四年間、アメリカは実質的には何もしてきませんでした。

その間に、北朝鮮は核実験を重ね、弾道ミサイルについても、日本までを射程に入れるノドン、テポドン、そしてグアムに到達するムスダンまで開発を進めてきました（ノドン、テポドン、ムスダンは弾道ミサイルの名称。ノドン、テポドンの順に射程が延伸。テポドンは主に人工衛星打ち上げに使われる大陸間弾道ミサイル級のロケット）。そして、二〇一六年九月以降二回の核実験により、弾道ミサイルに搭載する核弾頭の小型化も実現に近づき、一部とはいえアメリカ国民を脅かすところまで来たのです。

重要なのはアメリカ本土を攻撃できる能力を持つこと

もちろん北朝鮮の本音は、これを本当に使用しようというものではありません。通常戦力はもとより、アメリカの核戦力は圧倒的です。北朝鮮が日本・韓国という同盟国、あるいはアメリカそのものに対し一度でも核を使えば、その結果、アメリカにより激しく報復されることは明白です。

そうなれば、厳しい表現ではありますが、北朝鮮は国家ごと蒸発してしまいます。それでは、北朝鮮の国家目標である現体制の保障そのものが吹っ飛んでしまうことは、北朝鮮の指導者も明確に認識しているものと考えられます。

北朝鮮にとって重要なのは、あくまでも、米本土を攻撃し、アメリカ国民を大量に殺す「能力を持つ」ということです。これがアメリカに対する抑止力と脅威になり、アメリカによる体制存続の保障を引き出す手段になると、彼らは考えているのです。

一九九八年、北朝鮮は、「テポドン1型」と呼ばれる中・長距離弾道ミサイルの発射実験を東北地方の上空を越える軌道により実施しました。テポドン1型の完成により、北朝鮮は、沖縄を含む全ての在日米軍基地を射程に収めることになりました。

このことは、当面、アメリカ本土を攻撃する能力を保持していなかった彼らにとって、次善の措置として、アメリカの一部である在日米軍基地に駐留する米軍人を人質にとるという、大きな意味がありました。

北朝鮮の主目的は、日本を脅したり、攻撃したりすることではなく、あくまでもそれらは、アメリカへのメッセージなのです。

実際、二〇一七年三月に、日本近海に向け発射した四発のミサイルについて、北朝鮮は、在日米軍を対象にしたものだということを初めて明言しました。

もちろん、我が国自体が北朝鮮の弾道ミサイルの射程内にあることは、今さらあえて強調する必要もないことです。我が国の防衛当局にとってもそれは「当たり前」のことであり、北朝鮮の今回の言及も、「それがどうした」という程度のものです。

そのようなことは承知のはずの北朝鮮が、今回あえてこれを明言した背景には、二〇一六年秋以来、アメリカが北朝鮮に対して初めて強硬姿勢に転じたということがあります。

米本土はともかくとして、沖縄に駐留する米軍部隊を攻撃できる能力を示すことにより、アメリカ・米軍を抑止し、自らの体制を保障するという確約を取りつけたい、最低でもそのための会議を無条件開催する合意を取りつけたいという、政治的メッセージを発信したものが、北朝鮮の一連のミサイル発射と核実験なのです。

ついにICBMが実用化の段階へ

二〇一六年六月には、失敗が続いていた新型の中距離弾道ミサイルのムスダンがようやく限定的な成功を収め、グアムが射程に入ったと言われています。これは海外に駐留する米軍人だけではなく、アメリカ領土の一部を射程に入れることにより、アメリカの民間人をも人質にとったことを意味していました。しかし、オバマ政権の反応は相変わらずゼロ回答、すなわち、戦略的忍耐（Strategic Patience）＝核完全放棄までは北朝鮮に一切対応しない政策であり、北朝鮮の目論見《もくろみ》は失敗に終わりました。

未確認ではありますが、二〇一六年には、アラスカまで届くテポドン2型の発射試験が行われ、失敗したとの情報もあります。

これらの情報を総合的に判断すると、二〇一六年秋時点で、北朝鮮の米本土に届く大陸間弾道ミサイル（ICBM）は、完成レベルに達していませんが、近い将来、それを実用化する段階になったと言えます。

実際、作戦兵器ではありませんが、二〇一六年二月の人工衛星打ち上げ用に使用したロケットはテポドン2型の派生型とも言われています。これを軍事転用すれば射程一万二〇〇〇～一万四〇〇〇キロメートル、すなわち米本土全域を射程に収めるICBMへの転用が可能である、と見積もられています。

これはまさに、北朝鮮が、アメリカ本土と三億人に上るアメリカ国民を人質にとる能力を得ようとしていることを意味するのです。

二四年間の放置から方針転換したトランプ政権

これに対し、アメリカはどうしているのでしょうか。

アメリカは、イラクやリビアのような「ならず者国家」よりもはるかにひどい超中央集権・独裁全体主義国家である北朝鮮に体制保障を与える交渉など、決してしたくありません。実際、トランプ政権は、北朝鮮との交渉を拒否する姿勢を示し、強硬姿勢を取り続けています。

アメリカが、金日成、金正日、金正恩という独裁者が支配するうえ、政策遂行の際に、国際規範を完全に無視して強圧的かつ独善的に振る舞い、自国の言い分を国際社会に押しつける北朝鮮を、まともな国家として認められないのは当然のことです。

ロシアや中国は、核ミサイル保有国家であり、アメリカと体制を異にしますが、彼らは国際社会のルールには最低限したがうことから（中国は「かろうじて」といったところですが）、外交によりコントロールできる国と言えます。北朝鮮は、両国とは全く異なります。アメリカからすれば、北朝鮮は、人類史上例を見ない危険国家であり、自国の言い分を一方的に国際社会に押しつける手段である核ミサイル開発は人類への挑戦でもあるのです。

アメリカの北朝鮮に対するこうした認識は、トランプ政権発足直前から顕在化していました。たとえばオバマ政権末期の二〇一六年一〇月には、アメリカは、核爆弾B61タイプ11の投下訓練を行ったことを公表しました。これは地下への貫通型の核爆弾で、北朝鮮やイランの地下に隠されているミサイル基地の攻撃と徹底的な破壊を目的としたものと言われています。

実際に投下されたのは、機構も構造も本物そっくりではありますが、核は入っていないINERT弾（訓練用の不活性弾）でした。しかし、この時期に投下訓練が行われたこと自体が、北朝鮮に対するメッセージであることは明らかでした。

同時にこれは、当時、次期大統領の座を争っていたヒラリー・クリントン、トランプ両候補に対して、米軍の準備状況を行動で報告するという軍の思惑でもありました。

二〇一七年一月のトランプ政権の発足は、アメリカの考えをはっきり示し、二四年間の実質的な放置の時代から、軍事力の行使も辞さない姿勢へ舵を切るという転換点になったと言えます。

トランプ大統領は、オバマ政権が北朝鮮攻撃計画を納めて封印し続けた金庫の鍵を開けたのです。

アメリカの北朝鮮攻撃戦略とは

では、アメリカの北朝鮮攻撃の戦略はどのようなものなのでしょうか。

戦略は、時々の情勢によって変わっていくものですが、これまでの大量の公刊情報に基づく情勢判断の蓄積から、ある程度、分析することは可能です。

まずアメリカが最優先の攻撃対象として考えるのは、韓国・ソウルを火の海にしようとする北朝鮮の長距離砲兵隊であるはずです。

長距離砲兵隊を攻撃すれば、当然、北からの反撃を受け、韓国内を中心に被害が出るでしょう。その被害が許容できる範囲内で、砲兵隊の攻撃力を減殺することが可能であると見積もれば、アメリカは躊躇なく攻撃するでしょう。それが戦争というものです。

ただ、「ミリタリーバランス2017」や「平成28年版防衛白書」によると、北朝鮮の保有戦力は、戦車三五〇〇両、火砲は八五〇〇門に上ります。韓国、在韓米軍とりわけソウルにとって、長距離砲兵隊の脅威は決して小さくないことは、指摘しておく必要があるでしょう。

アメリカにとって、同盟国である韓国の首都の被害を最小限にとどめることは、攻撃実施に際しての最大の条件となります。

次に考えられる攻撃対象は、やはり同盟国日本と韓国を直接攻撃できる、北朝鮮の核兵器とミサイル部隊でしょう。核とミサイルの開発施設は直接の軍事的脅威ではないため、その後の作戦として攻撃が実施される公算が大です。攻撃決断に際しての最大の問題は、こうした部隊などの所在場所について、諜報などでどれだけ情報が集められているかです。これが作戦成功の鍵を握ります。

さらには、米軍が得意とする航空作戦の安全性を確保するため、北朝鮮の防空能力を無力化するための攻撃が行われることも明白です。

全ての条件が満たされ攻撃を実施する場合、第一次攻撃は、最初の五～六時間で、北朝鮮東西両岸に配備した艦艇・潜水艦からの巡航ミサイル・トマホークと、グアムから出撃するB1やB52爆撃機の発射する航空機発射型の巡航ミサイルなどを使って行われると見られます。

そこで破壊できなかった残存兵力や施設に対し、第二次攻撃として空軍のF16と海軍のFA18などの有人戦闘爆撃機を投入し、巡航ミサイルの「撃ち漏らし目標」をできるだけ潰していく。あくまで情勢に合わせて変更されるのが、戦略というものではありますが、これが、ノーマルかつオーソドックスな攻撃手法と言うべきでしょう。

今日までアメリカは、同盟国日本の協力はもとより、中国・ロシアの理解も得ようとして、盛んに外交努力を行ってきました。

しかし、ことここに至っては、軍事行動の開始に際し、国連決議や中国の同意が必要だとは、本質的に考えないはずです。アメリカにとっては、北朝鮮の核とミサイル開発の進捗により、二〇一七年一〇月時点で、自国の領土と多数の自国民が脅かされていることは明白です。それ自体が自国への直接的な脅威であり、国益を防護する個別的自衛権の発動の対象であるからです。

ただ、北朝鮮の総兵力は約一一九万人（自衛隊の五倍以上。「ミリタリーバランス2017」による）に上り、アメリカの一方的な攻撃で終わることはありません。当然、北朝鮮からの反撃は受けます。

だからといって、アメリカは必要であると判断すれば、北朝鮮への攻撃を決して厭わないでしょう。なぜならば、今北朝鮮の核ミサイルを容認してしまえば、アメリカは子孫の時代までも、北朝鮮から脅迫され続けると認識しているからです。そして、国際社会に対しても同じことが起こると考えています。

ここで我々が認識しておかなくてはならないのは、この問題は、アメリカのみならず全ての人類に対する、直接的な大量破壊兵器の脅威と挑戦であるということです。北朝鮮の核ミサイル問題は、全世界が対応を求められていることなのです。

「斬首作戦」の優先度は低い

では、北朝鮮による反撃は、どのようなものになると想定できるでしょうか。

北朝鮮の朝鮮人民軍は三八度線へと押し寄せますが、これを押しとどめるのは、第一義的には韓国軍の任務でしょう。もちろんここでは、北朝鮮が激しく非難してきた米韓合同演習を通じて、日頃から訓練してきた韓国防衛作戦が発動されます。

艦艇の数や作戦機の数を見ても、北朝鮮の軍事力はかなり大きいですが、その装備はほとんどが旧式です。旧式というより超旧式と言ったほうがいいかもしれません。

北朝鮮と韓国の通常戦力の関係は、クリントン大統領が北朝鮮への攻撃を決心できなかった一九九四年当時に比べ、相対的に見て、今日では大きく韓国軍有利となっています。

この間、韓国は軍事力を大幅に伸ばし、北朝鮮は核とミサイルへの過大投資により、通常兵力の近代化に後れをとったのです。というより、リスクは承知の上で軍の近代化を犠牲にし、アメリカのみに焦点を絞った核とミサイル開発に、国運を賭けざるを得なかったのです。

ただ、特殊部隊による奇襲・ゲリラ攻撃を全て防ぐことはできませんし、韓国側にもかなりの被害が出ることは否定できないでしょう。当然、化学兵器、生物兵器が使用されることも考えておくべきです。

三八度線で米韓連合軍と戦わなければならない北朝鮮としては、我が国への攻撃は実施するものの、それに割り当て得る兵力には限界があります。しかし、日本に対して一定規模のミサイルやゲリラ攻撃が行われることもまた確実で、これに対しては備える必要があります。

ちなみに、一部で、アメリカが金正恩や北朝鮮指導部をピンポイントで攻撃し、現体制を排除する「斬首作戦」が報じられています。これはオプションの一つではありますが、実行は難しく、優先度は低いと私は見ています。

というのも、今回の事態において、アメリカが北朝鮮を攻撃する場合の最大の目的は、北朝鮮の核とミサイルの排除であり、北の体制変更ではないと考えられるからです。

対立しているとはいえ、独立した主権国家である北朝鮮の政治体制を軍事力により一方的に転覆することは、仮に主目的が核とミサイル排除だったとしても、国際社会において許されるものではありません。同時に、これが、中国に北朝鮮へ介入する絶好の口実と機会を与えることになることも、アメリカは確実に考慮に入れているでしょう。

特に中国としては、アメリカ主導の民主主義国家が朝鮮半島北部に出現することは、国益上受容できないことです。したがって、それにつながる体制変換を伴う「斬首作戦」は絶対に認められないということは、考慮に入れる必要があります。

これらのことから、米軍の地上兵力による北朝鮮領土内での作戦はないと考えられます。アメリカの目的は、金正恩を殺害することではなく、北朝鮮を核なき普通の国家とすることです。もちろん理想は、金正恩もなく核もない普通の国家かもしれません。しかし、金正恩体制下の核なき国家なら、まだ許容範囲です。

逆に金正恩を殺害することによって、北朝鮮国内が大混乱に陥り、生き残った北朝鮮の指導者層が自暴自棄になる状況こそ、アメリカにとって最悪のシナリオだと言えます。

北朝鮮からの攻撃に日本はどう備えるべきか

過去のアメリカ三政権の下、北朝鮮は、アメリカは軍事力を使わないと簡単に見積もることができたことから、核兵器、ミサイル開発を安穏かつ着々と進めてきました。しかし、トランプ政権誕生後、二〇一七年四月の、米軍によるシリア攻撃は、二四年間、いわば枕を高くして寝ていた北朝鮮に大きな衝撃を与えたのは確実です。

そして、中国・ロシアとの関係を考えたとしても、アメリカが今、北朝鮮問題に本腰を据える環境は、十分、整ってきたと言えます。

北朝鮮が日本を核攻撃する可能性は低いと先に述べましたが、北朝鮮が何らかの形で日本を攻撃する可能性は、もちろんあります。

北朝鮮は、自らのミサイルが日本を射程に収めるのは在日米軍を標的としているからだと述べていますが、同時にそれが、日本への脅しになっていることも、また事実です。

その際でも、北朝鮮にとっては、米韓連合軍と韓国への攻撃が主となるため、我が国への攻撃はその残余の兵力によらざるを得ないことも、先に述べたとおりです。

ただ、仮にそうだとしても、今回の事態に対する防空演習（空中からの攻撃に備えて行う実地訓練）も行われないなど、日本は危機感が欠如していると言わざるを得ません。もちろん、現在の制度と我が国の雰囲気で、それが直ちに実施できるとも思えません。しかし、Jアラートにすら、「戦争中の民間防空演習につながる」といった批判がまかり通る我が国において、その必要性の論議と注意喚起は最低限必要と考えます。ことが起こった後に、「救えるべき命を無為に失うこと」を悔やんでも遅いのです。

BMD（弾道ミサイル防衛）体制の整備を引き続き行うことはもちろん、今後のために、直接の防衛措置はもとより、政府をはじめとして官民一体となり、北朝鮮の核とミサイル対処のための、我が国の総合力を発揮した体制構築を加速させることが必要です。

見かけ上最良の結果が招く真に最悪の結果

本章の最後につけ加えれば、今後の推移として、次に打つ手の手詰まり感から、アメリカ・北朝鮮両国が、強硬な挑発を控える結果、米軍の攻撃が行われない公算もあります。

この事態は、戦争を望まない各国や各種勢力にとって、短期的には最良の結果と映るでしょう。しかし、これは過去二四年間と同じく、北朝鮮の核ミサイル開発が一時的に中断したということとしか意味しません。

米朝の直接戦闘回避という見かけ上の最良の結果が、皮肉にも真の最悪の結果、すなわち制御不能の超中央集権・独裁全体主義国家である北朝鮮が、核兵器と世界のどの地点も攻撃可能なＩＣＢＭを保有するという事態を招くことを、我々は忘れてはなりません。

さらに、北朝鮮にそのことが許されるとすれば、中東や南米の、核・ミサイル保有候補国も、堰《せき》を切ったようにその道を驀進《ばくしん》することとなるでしょう。そうなったら、もはや誰の手でも止められません。その先に待ち受けるのは、核兵器が充満した「地獄の世界」です。

その点からも、短期的な最良の結果が仮に達成された場合でも、近い将来、アメリカが最後の手段として北朝鮮を攻撃することは、必然の流れでしょう。それが現実です。

その場合、アメリカは、国連や同盟国にさえ相談せず、自らに最適のタイミングを選び一方的かつ強烈な一撃を北朝鮮に加えるでしょう。これこそが、米軍が伝統的に最も得意としてきた戦い方、「Shock and Awe（衝撃と畏怖）」なのです。

第三章

北朝鮮VS.アメリカ七〇年

「軍事的猶予は長くてもあと一年」

（「外交」Ｖｏｌ．45 Ｓｅｐ．／Ｏｃｔ．２０１７掲載）を加筆修正

北朝鮮が朝鮮戦争で得た重要な教訓

北朝鮮の弾道ミサイル実験、核実験が続いています。

二〇一七年八月二九日には中距離弾道ミサイル火星12型が、日本海上空を越えて襟裳岬沖に着弾。九月三日には六度目の大出力水爆実験。さらに同じく九月一五日には、前回と同様のコースで火星12型が発射されました。

北朝鮮では、新世代の兵器体系が急速に整備されつつあります。脅威のレベルは確実に上がっており、アメリカも軍事的オプションを真剣に考える段階に至ったと言えるでしょう。

第二章で述べたこととも重なりますが、ここであらためて、今回の北朝鮮危機の歴史的背景を振り返ってみたいと思います。

冷戦期の日本の安全保障で最初の現実的脅威となったのが、一九五〇年に始まった朝鮮戦争でした。太平洋戦争の終結から五年、当時日本は、まだアメリカの占領下にありました。日本から極めて近いところで起きた戦争であり、その後の日本の安全保障政策に大きな影響を与えました。

北朝鮮はこの戦争で、重要な教訓を得たと思います。それは、アメリカとは絶対に戦争をしてはならない、というものです。

北朝鮮は、休戦協定が結ばれた一九五三年七月二七日を戦勝記念日と呼んでいます。しかし、金日成自身、中国「義勇軍」（実質的には中華人民共和国の正規軍）の参戦と、空軍パイロットを中心としたソ連軍の支援がなければあの戦争に負けていたということは、十分理解していたでしょう。

しかも朝鮮戦争を経て冷戦が厳しくなり、米ソ間の「核の均衡」という大構造が生まれます。そのような中で、ソ連が核戦争を覚悟してまで北朝鮮を支えてくれるか、あるいは国家建設に資源を傾注しなければならない、当時、建国後一〇年も経ていなかった中国が次のときも助けてくれるか――。

その可能性が極めて低いことは明らかでした。であれば、北朝鮮にとって、アメリカと戦争はできないという結論は必然的だったのです。

核兵器とミサイルに国力の全てを注ぐ

他方、朝鮮戦争は現在も休戦状態が続いています。これについては、アメリカが動かないことには進みません。最終的に戦争を終結させて北朝鮮の現体制を「保障」できるのは、中国でも当時のソ連、現在のロシアでもなく、ましてや韓国や日本でもありません。それができるのはアメリカだけです。

したがって北朝鮮は、平和条約の締結を求めて、アメリカに無視されず、同時に本気で怒らせない程度に、韓国相手に散発的な挑発を繰り返してきたわけです。

いくつか例を挙げてみましょう。

金日成政権下の一九六六年には、北朝鮮魚雷艇が韓国漁船を襲撃し、南北関係が悪化、三八度線付近の軍事衝突もありました。一九六八年には、北朝鮮の特殊部隊が朴正熙大統領暗殺を狙った、韓国青瓦台《チョンワデ》へのテロ未遂事件がありました。

金正日政権下でも、一九九六年には、韓国北東部の江陵《カンヌン》沖で北朝鮮の特殊潜水艇が座礁し、乗組員・工作員が韓国内に逃亡・潜伏した事件がありました。

最近では、二〇一〇年三月に韓国の哨戒艦・天安《チョナン》が撃沈された事件、一一月には延坪島《ヨンピョンド》に対する砲撃事件が起こっています。

しかし軍事力が決定的に劣る北朝鮮にとって、これらはあくまでも挑発に過ぎません。自らの通常兵力を示すことで、無条件の体制保障・平和条約締結の場にアメリカを引き出す――このような国家目標への道は実質的に閉ざされていることは、北朝鮮自身が一番知っていました。

それを覆すための北朝鮮の長期目標が、通常兵力とは別の手段を持つことで、アメリカと軍事的に対峙することでした。それにより初めて、自国の国家威信を保ちながら対等にアメリカと交渉できると考えたのです。そのための手段としての非通常戦力が、大陸間弾道ミサイル（ICBM）であり核弾頭の開発でした。

国民を辛苦に耐えさせ、五〇年、一〇〇年かかろうともやり遂げるという覚悟の下、この目標達成のために国内リソースのほとんど全てを投入し、その「成果」が今まさに手の届くところまで来た。それが現在起きている事態なのです。

一九九四年の妥協が問題悪化の発端

北朝鮮の核が国際政治上の脅威として広く認識されたのは、一九九四年、国際原子力機関（IAEA）脱退に伴う第一次核危機でした。

私はこのとき、アメリカ・クリントン政権が軍事オプションをとらずに金日成と「妥協」したことが、北朝鮮問題をここまで悪化させた経緯の発端だと考えます。

クリントン大統領は当初、空爆に加えて地上軍投入を有力な選択肢としていました。その計画は、当時の在韓米軍約五万人に六万人を増派して加え一一万人体制にし、北朝鮮の核施設を攻撃・破壊して将来の開発への芽を摘むもので、ベトナム戦争終結以来最大の、地上軍大規模増派案でした。

国務省・国防省の戦略担当者にとっては、北朝鮮が、長年の目標である核保有へ実質的な「第一歩」を断固たる決意で踏み出そうというまさにそのとき、交渉でそれを廃棄しないことは明白でした。

しかし、地上戦が起これば、韓国で一〇〇万人単位の民間人の犠牲者が出るという報告が上がったことにより、クリントン大統領は決断を躊躇しました。

当時はクウェートにおける湾岸戦争（一九九〇年八月のイラクによるクウェート侵攻を受けて、九一年一月にアメリカがイラクを空爆。二月に停戦）の後処理で、朝鮮半島にそれ以上の兵力を割けないということもあったでしょう。

また軍事的には、湾岸戦争では決定的だった空爆ですが、北朝鮮の核施設攻撃にどこまで効果を挙げることができるか確信が持てなかったのかもしれません。

さらに当時の韓国軍は今ほど強力ではなく、米軍との協力関係も、合同軍事演習「チームスピリット」こそ行われていたものの、共同体制は今日のように十分ではありませんでした。

外交的には、これも全世界が賛成した湾岸戦争と異なり、軍事的手段に対するロシアや中国の支持を取りつけることも難しかったでしょう。

クリントン大統領の大失策

そのような環境ではありましたが、クリントン大統領は、六月にカーター元大統領を北朝鮮に派遣し、米軍派遣計画を金日成主席に伝えます。

朝鮮戦争を体験した金主席は、アメリカの軍事行動により自国が受ける損害の深刻さに衝撃を受けました。その結果、アメリカの派兵停止と新たな援助と引き換えに、核爆弾の製造が可能な黒鉛炉の導入と運転を停止し、核爆弾の原料生産につながらない軽水炉導入を進めるという、「米朝枠組み」に合意したのです。

この報告を受けた米軍最高司令官としてのクリントン大統領は、増派命令を下す直前に、同計画の発動を取り下げました（これは、私が、当時のペリー国防長官との懇談から得た情報によるものです）。

これは、一見、核問題の平和的解決という最高の結論のように映りますが、そうではありません。

クリントン大統領の、必ず北朝鮮の核開発を停止させるという決意の薄弱さ、金日成主席の老獪《ろうかい》な外交戦術を読み切ることのできなかった未熟さ、双方の産物としての根拠なき安易な妥協であり、失策であったと言えます。少なくとも結果論ではそうなりました。

金日成主席はカーターとの会談直後に死亡しますが、クリントン大統領の妥協により米軍の攻撃を阻止できたことにほっとし、内心は高笑いであったと思います。まさに、金日成主席の老獪さが、若く青いクリントン大統領を手玉にとったものと言えます。

合意を受けて、翌一九九五年、朝鮮半島エネルギー開発機構（ＫＥＤＯ）が設立されます。しかし結局は、北朝鮮が核凍結を破棄して核施設の稼働を再開したことで、二〇〇三年に、このときの枠組み合意は崩れました。

そして北朝鮮は、「宗家の家訓」とも言える核と弾道ミサイル開発を再開し、目標達成への道を驀進し始めたのです。

時間稼ぎに利用されただけの六カ国協議

米朝枠組み合意の崩壊後は、二〇〇三年から、アメリカ・韓国・北朝鮮・中国・ロシア・日本による六カ国協議での「対話」が続きました。しかし戦略的に見れば、残念ながら、北朝鮮核・ミサイル開発の「時間稼ぎ」に利用されたというのが私の評価です。

六カ国協議の当初は、議長国であり、北朝鮮に影響力を持つ中国に対して、高い期待が寄せられました。

しかし、中国としては、自国が関与することなく米朝だけで議論が進むことに大きな不安と不満があり、何とか自国を北朝鮮との対話構造に組み込ませて発言権と影響力を確保したかったのです。それが、中国にとっての六カ国協議の意義でした。

そのため、六カ国協議は、結果的に一部の成果はありましたが、中国が自らの思惑を超えて積極的な役割を担うことはありませんでした。

他方、韓国は北朝鮮に対して特別な心情を持ち、同胞もいます。日本は核・ミサイル以外に拉致問題を重視しています。ロシアはアメリカ主導の動きにはことごとく反対です。

このように、各国がそれぞれの国益と事情を抱えた六カ国協議だったのです。

米朝二国間でさえ難しい交渉を、それぞれ国益が異なる六カ国が参加する枠組みにまで広げても、うまくいくはずがないことは明らかでした。

この、六カ国協議という会議が「踊っていた」間に、北朝鮮は確実に核・ミサイル技術を向上させてきました。二〇〇六年には初めての核実験、二〇〇九年には二回目の実験を実施しています。

結果的に、六カ国協議は失速したまま今日に至っています。個々の局面においては事態改善の兆候もあり、成果がゼロでなかったのは確かです。関係者が重ねた努力は多大で、それは歴史にも残されるべきものであります。

しかし総合的に見れば、北朝鮮に核・ミサイル開発の時間を与えたという意味で、六カ国協議は、成果が乏しかったというより、より悪いほうに作用してしまったと思います。危機を誘発することによりアメリカなどのメンバー国を対話に引き出し、合意の結果として何らかの見返りを得たとたん、次のステップとしてその合意を無視して新たな危機をつくり出すという、北朝鮮の手法がまかり通ったのです。

このような外交を「瀬戸際外交」と言う人がいますが、繰り返しになりますが、私は「食い逃げ外交」だと思います。それが四半世紀続いてきたのです。

二〇一六年までの弾道ミサイルの完成度はいまいち

ではこのような歴史的経緯を踏まえて、現在の危機をどう読み解くか。

私は二〇一七年の五月以降、北朝鮮の弾道ミサイルの質が大きく変わったと見ています。ここ数年来の実験で、最大射程、エンジン性能、燃料や発射形式、弾頭の大きさや形状などさまざまな面で改良され、現在はそれらが一つの兵器体系として整備されつつあります。

北朝鮮が保有する弾道ミサイルで、日本や韓国に関係するものを挙げてみましょう。

かつては、短距離弾道ミサイルのスカッド（最大射程三〇〇〜一〇〇〇キロメートル）、準中距離弾道ミサイルのノドン（同約一三〇〇キロメートル）、テポドン1型（同一五〇〇キロメートル以上）、中距離弾道ミサイルのムスダン（同二五〇〇〜四〇〇〇キロメートル）、大陸間弾道ミサイルのテポドン2型（約六〇〇〇キロメートル、派生型は一万キロメートル以上、主として人工衛星打ち上げに使用）などでした（「防衛白書」「ジェーン年鑑」など参照）。

いずれもニュースでよく聞いた名前だと思います。ノドン・テポドン1型の射程にほぼ日本全域が入り、ムスダンはグアムに到達します。テポドン2型で米アンカレッジが入り、一万キロメートルとなると、サンフランシスコやロサンゼルスなど、南部を除くアメリカ西海岸から、中・東部にかけての主要都市が射程に入ります。

二〇一七年四月までに発射された主なミサイルは、これらの種類でしたが、実は中距離以上の弾道ミサイルの成功率は、それほど高くありませんでした。

たとえばムスダンは、二〇一六年四月以降でも八発中七発が失敗しています。これらのミサイルは主に旧ソ連の技術をもとに北朝鮮で実用化が図られたものですが、何らかの理由により、完成度は「いまいち」であったと推察されます。

二〇一七年五月で様相が全く変わった

ところが二〇一七年五月ごろから、これらとは異なる種類の新型弾道ミサイルが登場し発射されています。

射程の短い順に整理すると、一つ目はスカッドミサイルの後継と目される新型で、五月二九日に発射されました。海上の艦船を狙うことのできる精密操縦誘導システムを導入し、北朝鮮が「誤差七メートル」と喧伝したものです。

二つ目は、時期が前後しますが、二月一二日、そして五月二一日に発射された北極星1型の改良型と見られる北極星2型です。潜水艦から発射される弾道ミサイルSLBM(Submarine-Launched Ballistic Missile)である北極星1型を地上発射型に改良したものので、固体燃料を使用しています。このため、発射前の燃料注入の必要がなく、地上での移動性が著しく高まります。それにより、ミサイルの位置を隠しやすくなり、攻撃されにくく、実用性が高まるものと考えられます。

三つ目は、五月一四日にロフテッド軌道で発射された、成績が極めて不良であったムスダンの後継で、グアムを射程に収める火星12型です。

ロフテッド軌道とは、通常の弾道ミサイルより角度を上げて高く打ち上げるものです。最高高度に到達してから、ほぼ真下に落下するように着弾します。八月二九日、九月一五日に日本上空を通常高度で通過して、襟裳岬沖に着弾したのもこのタイプです。

そして四つ目は七月四日、二八日にロフテッド軌道で発射された、最大射程約一万キロメートルで、南部を除くアメリカ本土の大部分をカバーすると見られる、ＩＣＢＭの火星14型です。

さらにはシカゴ、ワシントンＤＣ、ニューヨークなどの全米を射程に収める新型の火星13型ＩＣＢＭも開発中であり、初の試射は近いと言われています。

合法・非合法に外国技術を入手

ここまでの分析から、北朝鮮保有のミサイルは、各種の最新技術により、ここに来て一世代進化したと言えるでしょう。

背景には、北朝鮮におけるこれまでの技術の蓄積もあります。しかしそれ以上に、外国技術の流入が大きく影響しています。よく言われるのはウクライナ、そしてロシアです。日本や韓国を目標とする短射程のスカッドやノドンであれば、誘導システムもそれほど複雑ではありません。

ところがアメリカを射程に入れるＩＣＢＭでは、一万キロメートル先の目標都市を攻撃するためには、アメリカやロシアのように相手国のミサイル発射基地をピンポイントで狙う必要はありませんが、ある程度は正確に飛翔し命中させる必要があります。ロサンゼルスを狙って、少し離れたモハベ砂漠に着弾したのでは意味がありません。

現在のＩＣＢＭの場合、計画軌道と打ち上げ後の位置の誤差を修正するのに、ミサイルそのものに搭載される慣性航法装置とＧＰＳだけでは不十分です。

アメリカやロシアの場合、飛翔精度を向上させるため、発射後に星の位置を測定して軌道を修正します。船舶で使用する天文航海術も応用して、航法誤差を極小化しようとしているのです。米軍の場合は、それによって、射程約一万二〇〇〇キロメートルで誤差約八〇メートルという正確さを担保しようとしています。

北朝鮮独自の技術だけでは、米軍と同水準の弾着誤差はもとより、米軍より一ケタ多い数百メートルの誤差の達成も難しいと思います。

さらにミサイルの先端に取りつける核弾頭の小型化なども同様であり、ここに合法、非合法で入手した外国の技術が応用されているのです。

その一例を挙げますと、二〇一六年九月と二〇一七年三月、金正恩立ち会いで行われた新型ロケットエンジンの地上燃焼テストで使用されたものは、ウクライナ・ロシア両国で製造されたロケットエンジンと酷似していることが分かりました。そして、それと同じと判断されるエンジンが、火星12型、火星14型にも使用されていることが判明したのです。

少し詳しく説明すると、ロシア・ウクライナ製のロケットは噴射口（ノズル）が二つであるのに対し、北朝鮮製は一つという違いがあります。それはミサイルの大きさや重さに応じて北朝鮮が変更した部分と考えられます。それ以外は寸法や形状そして推定性能まで、ロシア・ウクライナ製と「うり二つ」という結論が、西側の多くの研究機関による分析結果として発表されています。

聞くところによりますと、ノズルを一つに変更するにあたっては、燃料供給ポンプの再設計など、相当な困難もあったようです。

核兵器技術については、パキスタンの「核開発の父」と呼ばれるカーン博士が、北朝鮮に核関連の技術を流していたことはよく知られています。それだけでなく、一九九八年にはアメリカの原子力関係のデータベースがハッキングされており、それに関連した流出技術が使われている可能性もあります。

このような「なりふり構わぬ」技術革新を通じて、北朝鮮は兵器の体系を整理・合理化し始めているのです。

もともと北朝鮮は、国力に比して多くの種類のミサイルを持ちすぎていました。これは軍事的には非常に効率が悪いことです。しかし近年は、兵器の技術・製造水準が上がり、日本・韓国という近い距離には北極星2型、グアムまでなら火星12型、さらにアメリカ本土であれば「とりあえず」火星14型、と機種を絞った合理化を進めています。これにより、効率的な生産・兵力整備を行う公算が高いと見積もられます。

ＩＣＢＭに関しては、現在喧伝されているアメリカ全土をカバーする火星13型完成が最終目標と考えられます。これはまだ試験発射も行われていない段階であることから、その戦力化にはもう少し時間がかかると思われます。「とりあえず」火星14型という表現を使ったのは、その意味からです。

ロフテッド軌道による発射実験は何を意味するか

北朝鮮のミサイルの命中精度をめぐってもう一つ問題になるのは、大気圏への再突入技術です。

北朝鮮は二〇一六年六月から、ロフテッド軌道での発射実験を六度行っています。ムスダンが一回、北極星2型が二回、火星12型が一回、火星14型が二回です。ロフテッド軌道とは、先ほども述べたように、通常の弾道ミサイルより角度を上げて高く打ち上げるものです。

弾道ミサイルをロフテッド軌道で発射する主たる目的は、大気圏への再突入時のデータを取得することにあります。

再突入時の高度は約一〇〇キロメートルですので、たとえば通常軌道で水平距離二〇〇〇キロメートルを飛ばそうとすると、再突入地点は水平線の向こう側になって北朝鮮からのデータ取得は困難です。

それを避けるために、長射程ミサイルであっても高度一〇〇〇キロメートルを超える高軌道で打ち上げて水平飛距離を抑え、再突入地点を、データ計測が可能な日本海中部から東部に設定しているのです。そのデータを、北朝鮮は少なくとも六回は収集し、保有していると考えられます。

ロフテッド軌道のミサイル発射実験から、いくつか分かることがあります。

一つは、その実験を始めたということは、弾道ミサイルに搭載する核弾頭の実用化にめどがついたということです。

ちなみに最初のロフテッド軌道の発射実験の三カ月前、二〇一六年三月には、金正恩立ち会いの下、小型化された核弾頭容器とされる銀色の球体――日本ではミラーボールなどと報じられました――をロケットエンジンの噴射口の真下において、耐熱実験を行っています。それを受けた六月のロフテッド軌道発射には、核弾頭を積んだ弾道ミサイルの実用化の見通しをつけるための、再突入環境下での試験とデータ収集という目的があったと考えるべきでしょう。

もう一つ、もちろん、北朝鮮のミサイル再突入技術については、いまだ確立していないという分析もあります。たとえば、ロフテッド軌道の大気圏入射角は、逆落としに近いことから、八〇度程度と考えられます。通常軌道では、再突入時の入射角は一〇度程度となることから、この入射角での大気との摩擦温度、振動、加速度、軌道のブレとそれが及ぼす命中精度への影響などのデータが収集されていないという指摘です。

ただ、日本海に向けた、射程一〇〇〇キロメートル程度の通常軌道発射の際には、最高高度が約二〇〇キロメートルとなります。このことから、浅い入射角による大気圏再突入時の実データも、限定的ながらすでに得ている可能性も考慮する必要があります。さらに注意しなければならないのは、北朝鮮にとっては、アメリカのような誤差約八〇メートルの精度は必要ない、ということです。

米ロのICBMは、お互いのサイロ（コンクリートで堅固に防護されたICBM格納庫兼発射筒）をピンポイントで破壊するために、命中精度の高さが求められます。しかし北朝鮮が狙うのはサイロではなく、アメリカの都市そのものです。先ほどの例を使えば、ロサンゼルスを狙ってモハベ砂漠では意味がありませんが、半径一〇キロメートル程度の誤差で、ロサンゼルス市民が大被害を受ける状況がつくれれば、それでよいのです。

その意味で、北朝鮮が再突入技術をクリアするハードルは、米ロが求める標準より低いことに留意する必要があります。

ロフテッド軌道発射については、その最高高度が、防御側のSM-3ミサイルなどの要撃高度を上回るため、日米の弾道ミサイル防衛を困難とするための戦術的手段だとする見方があります。そのことについても、述べておきたいと思います。

これも理論上はあり得ることですが、まず、ロフテッド軌道を採用したとしても、飛翔の最終段階ではSM－3の射程に入るので、要撃は困難となるものの不可能ではない、ということがあります。

さらに、ロフテッド軌道の飛翔時間は、火星14型の場合四〇分前後となり、日本に向けて通常軌道で発射した場合の約一〇分と比較して、大変に長くなります。通常軌道だと、最も早い場合、発射後約三分でJアラートが発動します。このとき、現実的な避難時間が五分強しかないのに比べ、ロフテッド軌道の場合は、Jアラート発動までの時間は同じく三分程度なので、退避時間が三五分程度と大幅に延びます。

これだけの時間があれば、着弾予想地域において、人々の退避や避難など、相当に手の込んだ安全確保措置が可能となります。それによって攻撃効果が著しく減ることを考慮すれば、やはりロフテッド軌道は、再突入データ収集目的だと見るのが妥当でしょう。

核兵器が世界中に拡散する恐怖の連鎖

これまでの話で、

①北朝鮮の弾道ミサイルの世代更新と生産の合理化が始まっていること

②実際にミサイルに搭載できる核弾頭が準備され始めていること
③それによってアメリカが北朝鮮を、自国の安全に対する現実的脅威と認識する段階に至ったこと

が分かると思います。

日本や韓国にとっては、これら弾道ミサイルは、世代更新を待つまでもなく、スカッド・ノドンの時代からすでに脅威となっています。これは当然のことです。

しかし、今回、あらためて考えなければならないことがあります。ミサイルの性能はもちろん重要です。しかしそれ以上に深刻なのは、もし、国際社会が何もしなければ、核弾頭を搭載可能な兵器体系を、北朝鮮が間もなく入手するということなのです。

それは何を意味するのか。

もし、北朝鮮の核兵器開発あるいは核弾頭を搭載できる弾道ミサイルを、言い方はどうであれ結果的に追認することになれば、それを前例として、核兵器の拡散が世界的に起こるということなのです。

アジア、中東、南米、アフリカ大陸には、核兵器を開発する能力のある、あるいは核兵器をすでに保有していると言われている国家が複数あります。ある一定の地域内で大きな

影響力を持つ、地域大国と呼ばれるような国の多くが、その力を持っています。

たとえばある地域のA国が核武装をするとしたら、対立競合関係にあるB国が直ちにA国の後を追い、さらにB国と国益が対立するC国も同様の道を歩むという連鎖は容易に想像がつきます。国際社会が、「制御できない核拡散の連鎖」と、それに伴う「核戦争という地獄」を見ることになりかねない恐れは極めて大きいのです。

核兵器の拡散がそこまで進むことが、人類社会に対する大きな脅威にほかならないことは自明の理です。

私たちが最優先で考えるべきことは、事態がそのような方向に進まないように、あらゆる手段を尽くすことです。

その一つとして、北朝鮮に対する軍事オプションを検討するのは、これまでの「対話」が失敗の連続であったことを考えると、当然のことと言えるでしょう。

これまでの日本は、戦争回避を熱望し、戦争回避が正義という思いが強すぎるあまり、武力行使というオプションを全否定してきました。より現実的な立場の人々でさえ、武力行使は、あくまで限定的な机上の選択肢として議論されてきたように思います。

しかし、アメリカはそうではありません。「核拡散の恐怖の連鎖」を最も恐れるがゆえ、アメリカは断固たる決意を持ってそれを食い止めようとする意志を持っています。アメリカは、武力行使を現実の選択肢として位置づけ、準備を怠っていません。

我々はそのことを理解し、それを前提とした上で、今後の我が国の採るべき道を議論していく必要があります。

グアム近海にミサイルが撃ち込まれたら

二〇一七年八月一〇日、北朝鮮は、中距離弾道ミサイル火星12型をグアムに向けて包囲射撃する準備をしていると明言しました。

現在のところグアム方向への発射はありません。代わりに日本の襟裳岬沖に撃っているわけですが、もし実際に北朝鮮がグアム付近に火星12型を四発撃ったらアメリカはどうするか、考えてみましょう。

第一に、アメリカは弾着地点にかかわらずミサイル四発を迎撃、撃墜するでしょう。着弾位置が領海内であるか領海外であるかに関係なく、アメリカ自身が脅威を感じるという理由で撃墜するものと思われます。まず、これによって北朝鮮のメンツを潰そうとするのです。

これはアメリカの武力反撃ではなく、自らに向かって飛翔してくる弾道ミサイルを打ち落とすという、緊急避難的な措置となります。

次に何をするか。

北朝鮮がしたことへの「お返し」として、危険海域を事前告知した上で、ICBM四発を北朝鮮の東西両岸沖四〇キロメートル程度の公海に撃ち込むでしょう。公海に着弾するのであれば、少なくとも北朝鮮と同じことをやり返しただけで、国際法上も問題はありません。これによってアメリカの意思が明確に世界に知らしめられます。また、アメリカにより逆包囲攻撃をされた金正恩政権の権威は、一気に失墜するでしょう。

これが、国際法を忠実に反映した、平時における軍事力使用の一つの方法なのです。

アメリカは単独行動する公算が大

ここからは日本の防衛についてお話ししたいと思います。

繰り返しますが、現在の北朝鮮の核兵器と弾道ミサイルの問題は、日本や韓国が無関係とは言いませんが、双方の軍事オプションという観点から言えば、基本的には米朝関係の中で処理される課題です。

北朝鮮の核とミサイル能力の撃破に目的を絞った武力行使に関して言えば、アメリカは、日本や韓国の事情を考慮はするでしょうが、最終的には、自国の国益について独自に判断し、単独で行動する公算が高いと考えられます。

日本として最も重要なことは、我が国土を確実に守ることです。警戒・監視を怠らず、弾道ミサイル防衛（BMD）をはじめとするあらゆる手段で、日本の安全を確保しなければなりません。すでに配備している海上自衛隊のイージス艦及び航空自衛隊のPAC3に加え、陸上配備の「イージス・アショア」の導入も検討されています。

特殊部隊やサイバー攻撃についても備えが必要です。

また同時に、北朝鮮への米軍の活動に対する後方支援を万全に行い得る体制をつくらなければなりません。

もう一つの任務として、北朝鮮潜水艦への対策があります。

北朝鮮は、アメリカの先制攻撃により、自国が地上に配備した核弾道ミサイルの攻撃能力が無力化されてしまう場合に備え、生存性の高い潜水艦に搭載するSLBMによる、日韓両国に対する二次攻撃能力の確保を企図しています。この目的を具現するのが、すでに配備されている北極星1型であり、試験発射が近いとされる北極星3型なのです。

この北朝鮮潜水艦を公海上で正確に追尾し、もし日本に対してSLBMが発射された場合には直ちに迎撃し、発射潜水艦に反撃できる態勢を整える必要があります。

これはあくまでも、公海上における自国の防衛行為です。北朝鮮国内にある弾道ミサイル発射基地を攻撃する敵基地攻撃能力を、我が国が保有することの是非が最近議論されましたが、これとは本質が異なる軍事行動です。

仮に米軍が北朝鮮を攻撃するとしても、我が国の安全を守るための自衛隊の対潜水艦哨戒作戦により、米軍は最も得意とする打撃作戦に専念することができます。その結果、攻撃作戦の成功確率も高くなります。この任務を我が国が全うすることが、日米安保体制の、最も強い接着剤となるわけです。

アメリカの世界戦略に日米同盟は不可欠

日本防衛における日米安保の機能は、自衛隊が戦略守勢に徹して国土を防衛し、米軍が日本への攻撃を自国への安全保障上の脅威と認識して相手に対する攻撃を行うという、「盾と矛」の関係です。

軍事情勢の複雑化に伴い、日米が協力し合う分野が増え、冷戦期のような単純明快な

「盾と矛」という役割分担は変わりつつあるかもしれませんが、基本構造は変わりません。日本による敵基地攻撃も含め、その構造を根本から変えようと思えば、憲法の議論は不可避でしょう。

仮に戦争になれば、相手国からの弾道ミサイルの第一撃で、日本に被害が出るかもしれません。BMDはそれを最小限に抑えるために不可欠なシステムです。そして同時に、その間にアメリカが敵国を攻撃することで日本への第二撃を封殺して、我が国の被害を最小に食い止めるとともに、戦争を早期終結に導きます。

この役割分担は、日米双方にとって今日でも極めて高く機能していると思います。

このような議論をすると、その過程で必ず、アメリカは本当に日本のために「矛」の役割を果たしてくれるのか、という疑問の声が上がります。

私はその点に疑いはありません。なぜならアメリカの国力と世界戦略の源泉は、同盟関係にあるからです。中でも最も付加価値が高いのは、日米同盟です。

NATO（北大西洋条約機構）は、基本的にはロシアを見ています。軍事規模としても、冷戦時からかなり縮小されています。

ロシアの仕掛けが激しいバルト海地域、ウクライナ・クリミアそしてシリアに加え、解決の糸口探しに苦労する難民問題、さらにはNATOとの距離を急速に拡大している政情不安のトルコ問題などを抱えるため、現在のNATOは、アメリカにとって世界戦略に対する付加価値がほとんどない状態となっています。逆に、アメリカのより深いコミットが必要な情勢でさえあります。

米韓同盟は北朝鮮のみが対象で、米軍の朝鮮半島以外への展開は不可能であることから、これまたアメリカの世界戦略にとっての付加価値はありません。

その点、我が国は防衛任務を専ら自衛隊が担います。その任務から解放された在日米軍は、同盟により全世界に展開する米軍の中で、アメリカの世界戦略を唯一直接支える重要なツールとなっています。このことから、日米同盟に基づく在日米軍は、日本海から中東まで世界のホットスポットに米軍を展開させる際に不可欠な、重要拠点となっているのです。

アメリカが北朝鮮の核保有を認める可能性

日本を無視して、核が維持される形でアメリカが北朝鮮と手を結ぶことは、核問題だけに焦点を絞った解決策としては理論上あり得ます。しかし、実際にそうなれば、日本の安全保障環境が一気に悪化することは明白です。

アメリカにとって最大かつ最重要な同盟相手である我が国のこのような状態を、アメリカ自身が許容し得るのかどうか。アメリカの世界戦略と国益の観点から検討しなければ、この命題への解答は得られないでしょう。

結論として、北朝鮮の核を認める結果として、日本を失うことに起因するアメリカの国益上の損失が、北朝鮮と手を握ることによる局部的かつ短期的な利益よりもはるかに大きいことは自明の理です。

日米安保は言うに及ばす、我が国そのものが、アメリカの生存と世界戦略にとって最大の国益と言えるのです。このことが、今回の危機に際し、アメリカは北朝鮮の現状を追認して北朝鮮への軍事力行使という最終決断を先延ばししないだろうと私が想定する、根拠の一つにもなっています。

むしろ問われるのは日本の立場かもしれません。

仮に、アメリカの軍事的オプションがとられた場合、日本は明確にアメリカを支持するのかどうか。

もし、明確にアメリカの立場を支持できないようであれば、日米同盟は危機に瀕するでしょう。我々が自問しなければならないのは、アメリカの対北朝鮮ディールよりも、自国の対米政策なのです。

時限爆弾のスイッチはすでに押されている

よく、事態がどうなったらアメリカは武力攻撃に踏み切るのか、すなわち、アメリカの「レッドライン」は何ですかと聞かれます。その質問の背景には、事態は単線的・時系列的に進行し、どこかの時点で武力攻撃に至るという認識があるのでしょう。

しかし実態は必ずしもそうではありません。アメリカの軍事オプションは、対話や制裁（圧力）といった他のオプションと並んで、すでに準備されているのです。

軍事オプションの発動は、時限爆弾にたとえられることがあります。その意味で言えば、アメリカは対話を無期限に続ける気はなく、時限爆弾のタイマーはすでにスイッチが押されているのです。

今回の問題の特徴は、時間が経過すればするほど、北朝鮮の核・ミサイル開発が進み、実用化に近づくということです。北朝鮮の目標達成を許さないとするなら、アメリカは、どこかでストップをかけねばなりません。

私はそのリミットは、今から最大で約一年と見ています。一年前であれば五年と申し上げたかもしれません。この一年で北朝鮮の核弾頭とミサイルの開発スピードが急激に上がった結果、脅威は加速度的に強まりました。私も含め、世界中の専門家がこの点は見誤っていたと言えます。

時限爆弾にセットされた時間は「一年」です。残り時間は、北朝鮮の行動とは全く関係なく、刻々と減っているのです。

もちろん、北朝鮮の核とミサイル開発の進捗状況、あるいは北朝鮮の対応いかんによっては、アメリカは一年を待たずに見切りをつけるかもしれません。

逆に、制裁が効果を挙げて北朝鮮が核放棄を認める方向に動けば、時計を一時止めて様子を見るかもしれません。しかし、現状を見るかぎり、交渉は円滑に進まない公算が大です。交渉が再開されたとしても、これまでも述べてきたように、その過程でまた「食い逃げ」が繰り返されるかもしれません。

私は、アメリカの最後の決断は、「対話と圧力」という国際的努力の結果からでなく、また、核実験やＩＣＢＭ発射実験といった北朝鮮の特定の活動にもよらないと考えています。

では何なのか。

その決断は、核とミサイル開発の放棄という、アメリカと国際社会の要求に対する北朝鮮の対応の限界が露呈したとき、すなわちアメリカが、「北朝鮮に放棄の意思なし」と見極めたときに、下されることが十分に考えられます。

アメリカの軍事オプションは、北朝鮮の活動に関係なく発動されると述べたのは、そういう意味です。

体制崩壊は狙わず核・ミサイルを無力化する

もちろん、武力攻撃に踏み切るコストは、一九九四年の、クリントン政権下での議論を振り返るまでもなく膨大です。しかしそこでは、先に述べたような、核兵器が世界中に拡散し、人類社会全体が地獄を見ることへの脅威との、冷徹な比較衡量がなされるでしょう。

具体的には、アフガニスタンやイラクの教訓として、地上軍の派遣は避けるオプションを選ぶでしょう。そして、空爆と巡航ミサイルに集中した、核・ミサイル部隊及び施設などへの攻撃が主体となるでしょう。

目的は、核とミサイル戦力の無力化と、ソウル砲撃も含めた南進能力の除去に限定し、米軍あるいは米韓合同軍が三八度線を越えるような行動、すなわち北朝鮮の体制崩壊は目指しません。ここは中国への配慮でもあります。ただし、目的は限定しますが、手段は無限定です。

その中でいくつかの考慮要素があります。

たとえば、巡航ミサイルを大量搭載した潜水艦の投入。最初の攻撃の柱となる巡航ミサイル・トマホークの所要数は、最低でも一五〇〇発程度と見積もられます。それを準備するには、一カ月程度かかると考えられます。準備に要する時間が比較的短いと考える理由は、準備が大変な地上戦力の投入がないこと、及び今回の危機が顕在化した二〇一七年四月以降、米軍はすでに、弾薬や燃料の前方集中等を進めていると考えられることです。

また、在韓アメリカ人退避を行わないケースもあります。規模は違いますが、一九九〇年のクウェートでも二〇〇三年のイラクでも、アメリカ人退避は行っていません。

先にも述べた米軍の戦い方である「Shock and Awe（衝撃と畏怖）」の特徴は、完全な奇襲と、相手に反撃する暇を与えない徹底した連続集中攻撃にあります。この方式の成算が高ければ、退避の必要はないのです。そして成功の公算が低い場合、米軍は自軍に有利な環境を主導してつくり、十分な水準まで達したと判断するまでは攻撃をしません。機は熟したと判断したとき初めて攻撃に着手します。これが米軍の戦い方です。

米軍が先制攻撃で撃ち漏らした北朝鮮部隊の第二撃により、韓国や我が国にも被害が出るかもしれません。韓国については、それを最小限に抑えるために、在韓米軍がTHAAD（終末高高度防衛ミサイル迎撃システム）を導入しています。

北朝鮮が核開発を放棄し、このような事態を避けられることが望ましいのは言うまでもありません。しかし、そうならなかった場合はどのような事態となるか。タブーをつくらず、冷静かつ現実に根差した議論と覚悟が求められています。

第四章　アメリカによる北朝鮮攻撃はこう行われる

「平和ボケ国家からの脱却を」
（「正論」二〇一七年一〇月号掲載）を改稿

「アメリカに攻撃意思はない」という早計

アメリカは本音では、北朝鮮を攻撃する気がないのではないか。北朝鮮の核武装と大陸間弾道ミサイル（ICBM）保有を「しぶしぶ」認めるのではないか。

このような推測をする軍事や国際政治の専門家が、ここに至っても多いように見受けられます。何が何でも戦争を避けたい反戦知識人は、愚かにも、それを喜んでいるようでもあります。

ですが、はっきり申し上げて、こうした観測はあまりに早計です。

二〇一七年八月一〇日に、グアム島周辺海域に対する火星12型四発の発射を予告した北朝鮮に対して、アメリカのトランプ大統領は軍事攻撃を強く示唆し、重大な警告を発しています。

これに対して、アメリカが急に本気になったかのようなことを言う専門家やマスコミ人が増える一方、軍事攻撃を「思慮を欠いた荒業」と従来どおり強く非難する人々もいます。これらはいずれも認識不足です。

第三章で、私は、アメリカが武力攻撃に踏み切る時限爆弾のタイマーはすでに作動していると述べました。本章では、その裏づけとして、米軍・アメリカの意図と行動を分析していきたいと思います。

二〇一六年秋には意思を固めていた

そもそもアメリカには初めから、北朝鮮の核武装と、アメリカ本土へ届く大陸間弾道ミサイル（ＩＣＢＭ）保有を許すつもりは、全くありません。

そして、アメリカは、自国の安全が直接脅かされても敵地攻撃すらできない日本とは違います。北朝鮮が核ミサイルを保有するのであれば、時機が来れば、何の前触れもなく、静かに、しかし電撃的に北朝鮮に対する攻撃を始める。アメリカは、ただ、その時機を待っているだけなのです。

ではなぜ、これまでアメリカは動かなかったのか。

たしかにアメリカは、二〇一七年四月に北朝鮮近海に空母カールビンソンを派遣して軍事力を誇示した後も攻撃を始めず、北朝鮮の態度を変えさせるよう中国に働きかけることを優先してきました。

北朝鮮がミサイル発射で挑発を繰り返しても動かず、非軍事手段での解決を探ります。マティス国防長官は、もし軍事行動に踏み切れば、「信じられない規模での悲劇が起きる」とすら発言しました。

八月の初めには、トランプ大統領が「北朝鮮がＩＣＢＭによるアメリカへの攻撃を目指し続けるのであれば、アメリカと北朝鮮のあいだの戦争は避けられない」と語り、緊張が高まります。しかし、すぐにティラーソン国務長官が記者会見で、「アメリカは北朝鮮の敵でも脅威でもない」と、火消しに走りました。

国内的に、トランプ政権は今もロシアゲートや人事の深刻な混乱の最中で、攻撃どころではないとする見方もありました。だからといって、「北朝鮮攻撃はない」と高をくくるのは、大きな誤りです。

なぜならアメリカは、四月よりもかなり前から、北朝鮮への攻撃意思を明確に示していたからです。一般的に、二〇一七年春になって危機が近づいたと認識されているようですが、それ自体が誤りです。

今の危機は、二〇一六年秋に、すでに始まっていました。その後のアメリカの動きは、攻撃準備完了に至る一過程に過ぎません。

ネバダ州での核爆弾投下訓練公表の意図

そのことは、二〇一六年からの米軍の動きを見れば、はっきりと分かります。たとえば米軍は同年一〇月、ネバダ州で核爆弾投下訓練を行い、その事実と写真を公開しました。核兵器の運用に関わるこの種の訓練は非公表で行われるものなのに、なぜ公表したのか。「アメリカは核を使うことも辞さない」という、北朝鮮に対するメッセージだったとしか考えられません。

北朝鮮は同年九月に、五回目の核実験とＩＣＢＭ用新型ロケット・エンジンの実験に成功しています。米軍の核爆弾投下訓練は、その直後に行われています。それは行動による、アメリカの強力な意思表示です。

振り返れば、国際社会は、一九九四年の北朝鮮のＩＡＥＡ脱退以後、二三年間にわたって、核開発放棄のための有効な策をとれず、北朝鮮の行動を実質的に追認してきました。中国、ロシア、韓国、日本も含めた六カ国協議や国連経済制裁などで、核開発の放棄を促したものの、主役のクリントン政権、ブッシュ政権、オバマ政権のいずれも、軍事攻撃で強制的に開発を中止させることは避けました。北朝鮮がこのようなアメリカの弱腰を見透かし、高笑いしながら長期間にわたり開発を続けてきたことは、これまでにも述べたとおりです。

しかし、北朝鮮が二〇一六年に二回の核実験を行い、ミサイル発射を繰り返したことで、アメリカは明確にそれまでの姿勢を変えました。

その証拠に、米軍は、アメリカ本土から北朝鮮を射程に収めるＩＣＢＭミニットマンⅢの発射実験を、二〇一六年から一七年にかけて、五回以上実施しています。

ミニットマンⅢは、射程一万キロメートルの弾着精度が約八〇メートルと言われています。必要な場合には、北朝鮮が誇る地下基地も、ピンポイント核攻撃により容易に破壊することができます。その威力は、通常の、地中貫通型爆弾であるバンカーバスターをはるかに上回ることは当然です。

普通、ミニットマンの発射実験は、性能や作動確認及び練度の維持のため、年に一〜二回程度しか実施しません。この時期の連続発射は、北朝鮮の核ミサイル開発阻止のためには核の使用も辞さないという、アメリカの毅然とした意思表示であることは明白です。

先に述べた、投下訓練を公表した核爆弾も地中貫通型であり、これを裏づけています。

アメリカは最大の効果を挙げられる時機を待っている

北朝鮮がアメリカ本土に届くＩＣＢＭを手にするのは確実で、核弾頭の開発も最終段階にあります。

辻元清美氏ではありませんが、北朝鮮は、二〇一七年に入ってから、ミサイル発射の総合商社ではないかというぐらい多種のミサイルを連射してきました。中でも、アメリカを直接攻撃することが可能な弾道ミサイルである、火星12型と火星14型が、通常より高い角度で打ち上げ水平飛翔距離を抑える「ロフテッド軌道」で発射されたことは、核弾頭開発が最終段階にあることを強く示唆しています。

五月一五日に発射された12型は水平距離で七八七キロメートル、七月四日に発射された14型は九三三キロメートルを飛翔したとされています。いずれも一〇〇〇キロメートル以内です。

これは、先にも述べたように、弾頭の大気圏内への再突入状況やデータを、北朝鮮から観測し収集することができる距離です。弾頭の大気圏再突入状況の確認は、核弾頭の開発が最終段階に入ったということを示しています。

北朝鮮は二〇一六年三月には、金正恩立ち会いの下、核弾頭容器を高熱のロケット噴射で「焼く」実験をしていますが、これも大気圏内再突入時の熱に対する核弾頭の安全性確認と推察されます。

これらの事実は、アメリカ本土が核ミサイルの脅威にさらされるまで、ほとんど時間が残されていないということを意味しています。

北朝鮮に核ミサイル開発をやめさせる最終手段がアメリカの北朝鮮攻撃であることは、アメリカ国民が最もよく分かっています。

このように述べると、「ならば、なぜアメリカは一刻も早く攻撃しなかったのか」「攻撃しないのは、戦争を回避したかった証拠じゃないか」という反論があるかもしれません。

しかし、これも繰り返し述べてきたことですが、アメリカは北朝鮮のミサイル実験に反応して、軍事攻撃を始めるわけではありません。北の挑発に乗って攻撃するわけでもありません。

では、いつやるのか。

簡単です。アメリカにとって、最大の攻撃成果を挙げることができる最適な時機を選んで始めるのです。

したがって、前触れもなく突然始める可能性も十分あります。今まで米軍が動いていないから「攻撃する気はなかった」という考えは、全くの誤りなのです。

条約や外交交渉では制御できない国

二〇一七年八月一〇日に北朝鮮が発表した、グアム島周辺海域に対する火星12型四発の発射予告は、一昔前であれば戦争に直結する悪質な挑発です。しかし、仮に実行されたとしても、ここで述べた観点から、アメリカがこれに即応して北朝鮮攻撃という軍事行動をとることは、控えられる公算が高いでしょう。

最終決断をするのは、副大統領以下の閣僚や上級スタッフの補佐を得たトランプ大統領です。

もちろん彼らの目的は戦争ではありません。目的は北朝鮮の非核化です。

彼らは、北朝鮮という国家を、中国やロシアとは質の違う、理屈や国際慣行の通じない国家と見なしています。それは、条約や外交交渉で制御できない異質な国家と見ているということです。

このような国家を、いったん核保有国として認めてしまえば、今後長期間にわたり、人類の敵かつ国際社会の害毒になることは確実です。それゆえに、北朝鮮が核とミサイルの廃棄に応じないならば、武力でこれを放棄させるしかない、というのが武力行使についてのアメリカの考え方です。

また、アメリカは、北朝鮮に核武装を認めれば、それが悪しき先例となり、他国にも核ミサイル開発の流れが広がることも懸念しています。核不拡散の立場からも、北朝鮮の核武装は、決して認めることはできないのです。

現在までの北朝鮮の核ミサイル開発の足跡は、大量破壊兵器が国際社会のコントロールがきかないまま、世界各国に拡散されることを許す設計図、あるいは教科書となりかねません。

そうなれば世界は地獄と化します。少なくともアメリカは、そう考えているのです。

在韓米人は退避させなくとも攻撃できる

現在、韓国には、二〇万人強のアメリカ民間人や在韓米軍人の家族が滞在しています。そのことを理由に、米軍の攻撃開始はないという見方をする向きも少なくありません。自国の民間人の命を危険にさらしてまで米軍は攻撃を始めない、始めるときは彼らを退避させるはずだ、という理屈です。

また、日本に住む在日米軍人の家族を含むアメリカ人も退避させないかぎり、軍事攻撃はないと見る人もいます。

それは本当でしょうか。

私は、彼らの退避はなくとも、攻撃は始まり得ると考えています。退避させなくても、人的被害を最小限に抑えるための手段があるからです。

簡単に言えば、それは奇襲攻撃です。先に、米軍の軍事攻撃について、前触れもなく、突然始める可能性も十分あると述べましたが、これこそ、まさに奇襲攻撃です。

具体的には、北朝鮮近くに展開した艦艇・潜水艦からのトマホークと、グアムから出撃するB1やB52爆撃機などが発射する、圧倒的多数の巡航ミサイルの集中攻撃です。

まずこれで、ソウルを狙う北朝鮮の長距離砲兵隊や、日韓を攻撃する弾道ミサイルの発射基地、レーダーや対空ミサイル基地、飛行場などの防空拠点を攻撃・殲滅《せんめつ》します。

次の段階は、核兵器、ミサイル関連施設の無力化です。

もちろん撃ち漏らしは出ますが、北朝鮮の防空能力を奪えば、空軍のF16や海軍のFA18などの有人攻撃機で、撃ち漏らし兵力による反撃を限りなくゼロに近づけられます。

そんなことは可能でしょうか。

私は可能だと考えます。なぜなら、米軍は直近三回の戦争で、最初に同様の奇襲作戦をとり、航空戦力のみで相手の戦闘能力をほぼ無力化しているからです。一九九〇年の湾岸戦争、二〇〇一年のアフガニスタン紛争、二〇〇三年のイラク戦争です。

韓国との境界線である三八度線には、北朝鮮の朝鮮人民軍の戦車・砲兵や歩兵が押し寄せるでしょう。これを持ちこたえるのは米韓合同軍の任務です。

朝鮮人民軍の装備の多くは旧式です。先制攻撃によるミサイルと長距離砲兵隊撃滅の効果もあり、米韓合同軍が三八度線を持ちこたえる結果、韓国全土が泥沼の戦場になる公算は少ないと考えられます。また在韓米軍が北進地上戦を展開しないことは明白です。

こうした米軍の奇襲能力が十分に発揮されるならば、民間人の事前退避を必要としない作戦も成り立ちます。逆に言えば、アメリカはこの条件が整うまで、攻撃は行わず何事もなかったように振る舞いつつ、退避不要な作戦の準備を着実に進めるわけです。

もちろん、攻撃に際しては、さまざまなオプションを準備しておくのが、米軍の常道です。複数のオプションに太平洋軍司令官の評価をつけ、それをペンタゴン（国防総省）、国家安全保障会議、大統領と、順序を経て報告を上げていき、決断を仰ぐわけです。その中には、在韓民間人を退避させた後の攻撃も当然含まれます。

しかし、民間人退避は極秘に進めるわけにはいきません。攻撃前に必ず北朝鮮に気づかれることから、逆に北朝鮮の先制攻撃を招く、あるいは米軍の攻撃が犠牲の大きい強襲攻撃となるリスクが極めて大きいです。

それを考えると、奇襲攻撃案が採用される可能性が最も高いと言えます。少なくとも、「奇襲攻撃などないに決まっている」と頭から決めつけることは、大きな間違いです。

北朝鮮の核ミサイルの格納基地は、硬い岩盤の地中に設置されています。これは、前述したICBMミニットマンⅢに核弾頭を装着して核地中攻撃を行わないかぎり、通常兵器で一気に無力化するのは難しいでしょう。

しかし、それを理由として、アメリカが攻撃を躊躇することもないと考えられます。

地下トンネル基地には、人や物の出入り口、空気や電気や水などを外部から取り入れる露出開口部が必ずあります。それらを徹底的に破壊すれば、当分の間、使用が不可能になります。そのような攻撃であれば、通常弾頭のレーザー誘導の精密爆弾や巡航ミサイルで十分可能です。先に、巡航ミサイル・トマホークの所要数を最低一五〇〇発と述べました。これは目標数とトマホークの弾着精度、及び撃墜される数を考慮したため、大きな数字となったものですが、米軍がこの数のトマホークを集中的に準備することに問題はない、と推察されます。そして地下のトンネルに敵を閉じ込めた後に、高性能通常地中貫通型爆弾バンカーバスターで、各個撃破すればいいわけです。

核オプションはもちろん最後の手段です。

しかし、米軍が徹底した攻撃を行う際には核使用も辞さないという断固たる意志を、アメリカが北朝鮮に示すのは、当然のことです。

中国・ロシアも黙認せざるを得ない

ここで米軍による北朝鮮攻撃が、アメリカと中国・ロシアとの戦争に発展する可能性について論じておきましょう。

たしかに、アメリカの北朝鮮に対する軍事行動は、中国やロシアの反発を招きます。特に中国は、北朝鮮を、台湾やチベットと同様に「核心的利益」ととらえています。したがって、アメリカが金正恩による全体主義的な支配体制を崩壊させることを望んでいません。自国と国境を接する朝鮮半島北部に、自由主義、民主主義国家が誕生することを、中国は本質的かつ極端に嫌がっています。

しかし、注意すべきは、アメリカの目的はあくまで北朝鮮の核ミサイルの排除だという点です。北朝鮮が核兵器と弾道ミサイルを保有することは、中国もまた望んでいません。

アメリカが攻撃目的を、核と弾道ミサイル能力の破棄ならびに、ソウルを火の海にする長距離砲兵能力の無力化に限定し、金体制の崩壊にまで踏み込まないとすれば、それは中国にとってもギリギリ許容範囲内でしょう。

もちろん表面上、政治的には、アメリカに対して罵詈雑言を投げかけ非難すると思われます。しかし、本音は違うはずです。北の核ミサイルは自国への脅威にもなり得ることから、アメリカが中国に代わり、汚れ役である無力化軍事作戦を実施してくれるのであれば、内心では、「ほくそ笑む」のではないでしょうか。

ロシアもアメリカの軍事行動は嫌がるでしょうが、現在の金体制を存続させるかぎり、アメリカの攻撃を黙認する公算が大きいと思われます。ロシアの思惑もその反応も、中国とあまり変わりはないでしょう。

つまり、中国・ロシアとの関係から、アメリカが北朝鮮攻撃を控えて自制することはない、ということです。

「戦争にならない」という結論を導くほうが難しい

日本人は、「戦争が起こってほしくない」という願望で現在の状況を判断します。そのため、「緊張が極度に高まっているとはいえ、現在戦争になっていないのだから、これからも戦争にならないはずだ」という見通しをつけがちです。

しかし、これは結局、希望に過ぎません。冷静な現状判断からは、「戦争にならない」という結論を導くほうが難しいのです。

日本人が認識すべき重要なことは、アメリカの究極的な目的は戦争を回避することではなく、国際ルールを無視して傍若無人に振る舞う北朝鮮から、核兵器と弾道ミサイル、そしてその開発・生産能力を奪うことである、ということ。そして、それによって、大量破壊兵器の国際的拡散に歯止めをかけなければならない、ということです。

その観点からは、アメリカが北朝鮮を攻撃しないほうが不思議なくらいです。

現在、北朝鮮の核ミサイル実戦化は目前に迫っています。そのような情勢において、一部の日本人が、本質的な視点を欠き冷静な判断を避けた感情論をよりどころとして、いかに表面的かつ近視眼的に平和的解決を主張しようとも、アメリカは、自らの国益と価値観に基づき行動します。

もちろん、アメリカは、同盟国としての日本に最大の配慮をするでしょう。しかし、我が国に対する核ミサイル脅威の排除こそが、最大の配慮なのです。その観点からも、最後の手段としての武力攻撃の実施を躊躇しないことは当然と言えます。

もしアメリカに攻撃をしてほしくないのであれば、少なくとも、非軍事手段で、北朝鮮の核ミサイルを放棄させなければなりません。しかし、過去二三年間、結果が残せなかった現実からは、有効な外交カードが残されていること自体、ほとんど考えられません。

仮に、カードが存在するとしても、過去と同じく一時的に効果は挙げるものの、結果的には北朝鮮に「食い逃げ」をされるだけでしょう。

二〇一七年九月一一日には、中国・ロシアも同意した、国連で最も厳しい経済制裁が決議されました。しかし、この決議でさえ、北朝鮮の核ミサイル実戦化をある程度遅らせる効果は期待できても、残された時間内に、計画の全面放棄を強制するものとは到底思えません。すでに、その実効性の限界がささやかれ始めています。

目先の平和を求めた先にある悲劇

核武装した北朝鮮が我が国のすぐ近くに存在し、我が国をすでに中距離弾道ミサイルの射程内に収めているという現実。そして最近のＩＣＢＭの開発の進捗により、核ミサイルがアメリカ本土を射程に収めようとしている新たな現実をどのようにとらえるのか。「戦争を避けたい」と唱える者は、この現実に対する具体的な解決策を示さなければ、無責任です。

仮に、外交交渉などの非軍事的手段により、北朝鮮が核ミサイル開発と使用を一時的に中止することに合意したとします。その場合、続く核ミサイル放棄交渉において、北朝鮮が全面放棄に同意すれば、本件は一件落着で、まさに万人の望む結果となります。

しかし、問題は、核ミサイル廃棄に北朝鮮が同意しない場合です。その際に、次の交渉カードはもはや残っていません。

交渉にはこぎつけたものの、核ミサイル廃棄交渉が決裂した場合、あるいは、現在の状況である、北朝鮮との対立が続き、問題解決の糸口が見つからない場合はどうでしょうか。この両ケースにおいて、アメリカをはじめとする国際社会が何もしない場合には、「ズルズル」と北朝鮮の核ミサイル開発と実戦化を黙認してしまうこととなります。

その結果、現在の我々の世代だけでなく、孫子《まごこ》の代まで、国際社会を混乱させ恐怖に陥れる核ミサイル保有国としての北朝鮮が、我が国の隣国として存在するのです。

平和は尊い。それは普遍の真理です。

しかし、目前の一時的平和を追い求めて、未来に目を閉ざすとき、その先に待つのは、より大きな戦争の悲劇か、あるいは永遠の恐怖です。そのことを忘れてはならないと思います。

第五章　中国の脅威・ロシアの思惑

書き下ろし

歴代王朝と変わらない中国共産党の本質

現在、我が国の安全保障上、最大の懸案は北朝鮮問題ですが、中国との関係もそれに勝るとも劣らず重要です。冷戦時代ほどの脅威でなくなったとはいえ、ロシアとの関係も、我が国の国益を大きく左右します。

また何より、両国は六カ国協議の一員ですから、北朝鮮問題に関する主要プレーヤーであるとも言えます。

そこでこの章では、中国・ロシアの現状と我が国との関係について、お話ししておきたいと思います。日本の安全保障について広く考える上で、中国・ロシアについて正しく認識しておくべきであるのは、言うまでもありません。

まず中国です。多くの人が承知しているとおり、この国と日本の間には尖閣諸島の領有権をはじめとして、政治的・軍事的な意見と立場の対立がいくつもあります。私は、いろいろな日中会議に参加する機会が多いのですが、場を和ませるために、かつてはよくこんな話をしました。「私は一九四九年生まれで、その年に建国された中華人民共和国と同い年です。ですから一〇〇歳まで生きて、二〇四九年に盛大に祝われるであろうあなた方の建国一〇〇周年を見届けたいと願っています」

共産党が支配する現在の中国は、戦後に誕生した「新しい国」です。しかしその本質的な特徴について理解しようとするならば、はるか昔から続く歴史を見る必要があります。といっても、中国お得意の「中華民族四〇〇〇年」ではなく、歴史にしっかりとした足跡が残る、始皇帝が建国した「秦」からの二千数百年の歴史のことです。

中国共産党は、過去に中国大陸を支配してきた数々の「王朝」の一つと見なすことができます。そして、あえて極端な言い方をすれば、少なくとも周辺諸国との接し方に関しては、冊封《さっぽう》体制の宗主国として多くの朝貢国に接した歴代王朝と変わらない性質を備えています。

一八四〇年に始まったアヘン戦争で清国がイギリスに敗北し、それ以降、列強の侵入を許すまでは、中国は長きにわたって、アジアにおける圧倒的な覇権国でした。自分たちのルールに、周辺国を一方的にしたがわせることができる立場だったと言えるでしょう。

現在の中国も、根本にはその発想と体質があると考えられ、それは実際の行動にも表れています。

中国は「西洋のルール」にはしたがわない

中国の政治指導者が、「我々は国際ルールに基づいて行動する」などと発言すれば、「中国は自分たちと同じルールを受け入れている」と受け止める人が多いかもしれません。しかし彼らの言う「国際ルール」とは、基本的に自分たちのつくるルールのことです。

他方、日本人が国際ルールだと思っているものは、中国にとっては、古代ギリシャ以降の約三〇〇〇年間、時々の主は変わりつつも、一貫して世界を席巻した、西洋文明のルールに過ぎません。

阿片戦争以降、現在に至る本格的な経済発展の始まる一九九〇年代半ばまで、中国はその「西洋ルール」に牛耳られてきました。彼らにとっては屈辱的とも言える、「暗黒の一五〇年」です。

一九九〇年代以降も、たとえばＷＴＯ（世界貿易機関）に加盟してグローバル経済に入り込むなど、中国は西洋ルールを自国に有利に活用して経済発展を遂げてきました。しかし、いつまでも、出自の異なる国際ルールにしたがうつもりはないでしょう。

二〇一六年七月に、南シナ海問題に関する国際仲裁裁判所の裁定を完全に否定したことが示すように、都合が悪くなれば、国際ルールを平気で無視するのが中国なのです。

ただし、北朝鮮に比べれば、既存の国際規範を自国に有利に活用してここまでの経済発展を成し遂げてきたこともあり、将来においても、トータルで見れば、国際規範を尊重するケースもあると考えられます。

それに対して我が国はどうでしょうか。日本は明治維新以降、自分たちの伝統や文化は維持しながらも、早く国際社会の一員として認めてもらうため、憲法をはじめとする各種法律や規則、特に外国との間のルールを西洋化し、自らを国際秩序の中にしっかりと位置づけてきました。地理的にはアジアに位置していますが、政治や経済の面では完全に「西洋」のメカニズムを尊重し、自ら進んで、その中に組み込まれてきたのです。

この観点からすれば、中国と日本は同じ東アジアの国でありながら、極めて対照的であると言っても過言ではありません。中国との問題を考えるときには、まずはそういう前提があることを認識すべきだろうと思います。

人民解放軍「三〇万人削減」の意味

さて、その中国がこの二十数年間にわたって軍事力を増強してきたことは、多くの日本人が承知していることです。そのため日本国内では年々、中国脅威論が声高に語られるようになりました。

しかし、中国の国力を、表に見えるものだけで判断してはいけません。

たとえば、中国の国家主席兼中央軍事委員会主席である習近平氏は、二〇一五年九月三日、抗日戦争勝利と反ファシスト戦争勝利七〇周年の記念式典で、人民解放軍の三〇万人削減を発表しました。それだけ聞くと、中国が軍事力を縮小させるかのようにも思えます。でも、そうではありません。これは逆に、軍の近代化に向けた一歩だと見るべきなのです。

中国の人民解放軍は二三〇万人もの人員を抱えており、そのうちおよそ一六〇万人は陸軍です。しかし、ちょっと考えてみてください。今の中国に、そんな規模の陸軍が必要でしょうか。

現在の中国には、強大な軍事力の支援を必要とする厳しい国境問題がほとんど存在しません。ロシアとの国境問題は解決しています。北朝鮮との国境も、若干の問題はあるとはいえ、基本的には安定しています。不安定なのは、インドのカシミール地方と接する国境ぐらいです。陸軍をもっと縮小しても、国土を守ることはできるはずです。

では何のために大きな陸軍が存在するかといえば、主目的は外国と戦うことではなく、一三億人の人民を抑えつけることにほかなりません。「人民解放軍」という名称とは正反対の役目を担っているわけです。

ところが中国には、数字は公表されていないものの、陸軍とは別に一五〇万人もの治安警察が存在すると言われています。人民の反乱や暴動などを抑えるには、それだけで十分でしょう。一六〇万人もの陸軍の存在は、極めて非効率です。

同じような意味で、およそ四〇万人を擁する空軍も必要ないと言えます。ただし近代戦において航空戦力の必要性は増しているので、量は別として、質の大幅な転換は必須です。外征作戦をしない、同盟政策をとらないというのが、中国の大原則です。それに則って空軍兵力運用の拠点となる海外基地を求めないとすれば、陸上国境で近隣諸国との問題がほとんどない今、人民解放軍の空軍戦略そのものの見直しが必要ということです。

アメリカとはとてもまともに戦えない人民解放軍

習近平主席は、米軍と比べて人民解放軍がはるかに遅れていることを、深刻かつ敏感に察知しています。本心では、急速な近代化を強く願い、その足かせとなっている非効率な陸軍と空軍を大幅に削減し、質を向上させたいはずです。無駄飯を食っている兵隊をどんなにたくさん雇っていても、最後に米軍と戦う際の戦力にはなりません。

人員を削減して浮いた国家予算を、装備などの近代化に回せば、中国の軍事力は飛躍的に強化されるはずです。中国は兵器の研究開発にかなりの投資を行っており、そのおかげで強化された部分もありますが、総合力の点ではまだまだアメリカに遠く及びません。

軍の近代化を本気で大きく前進させるためには、国家資源の配分見直しは必須です。その観点から、相当な規模の人員削減が求められるのです。私の見立てでは、陸軍は半減させるぐらいでちょうどよいでしょう。つまり、習近平主席は三〇万人と言いましたが、本来なら、七〇万人から八〇万人程度の削減が必要なのです。

もし習近平主席がそれぐらいの人員削減を発表していたら、日本やアメリカは、中国の脅威が著しく増すことに対して身構えたにちがいありません。しかし、削減した人員の再雇用の問題などもあるため、習近平主席もそこまではやれませんでした。三〇万人程度の削減では、巨額の費用がかかる兵器のハイテク化などはあまり進まないと考えられます。

私はこのニュースを聞いたとき、これで人民解放軍の近代化が遅れるので、日米の対中戦略と兵力整備計画策定の時間がより長くとれると、安堵したほどです。

習近平主席は、人民解放軍をアメリカとまともに戦える軍隊にするために、今後もさらに人員削減を進めようとするでしょう。今、習近平主席が軍関係者などの汚職追放を積極的に行っているのは、そのための布石でもあるのです。

二〇一七年七月、内モンゴルで軍の創設九〇周年を記念して実施された軍事パレードで、習近平主席は迷彩服を着用して演説をしました。これは極めて異例なことです。中国共産党のリーダーが戦闘服姿で閲兵したことは過去に例がありません。

習近平主席があえてそれをやった背景には、人民解放軍と自分との一体感を演出する意味もあったでしょうが、一方で「軍の指揮官は私だ」と強調する意図もあったはずです。それも、今後の人員削減に向けた強いリーダーシップを発揮することを予告しているように、私には見えました。

今後、彼が陸軍を半減させるほどの削減を実行できるかどうかが、中国の軍事力の将来を占う一つのポイントになります。

「天然の防波堤」に包囲される中国のハンディ

また、これはどの国に関しても言えることですが、中国の軍事を理解する場合はとりわけ地政学的な面に着目することが重要です。陸上部の国境に関しては先に述べました。

では、海についてはどうでしょう。同国の海洋部が日本列島、台湾、フィリピン、インドネシア、マレーシア、ベトナムに包囲されていることは、地図から一目瞭然です。つまり中国は、海を介して外に出ることが簡単にはできません。これは中国が世界戦略を構築する上で、大変な重荷になっています。

たとえばロシア帝国（ソ連）は、昔から「不凍港」を欲してやみませんでした。それもやはり、国土を外国に包囲されるのを嫌ったからです。周囲に凍らない港を持たなければ、外に出ていくことができません。不凍港を他の国に押さえられていたからこそ、帝政ロシアはそれを求め、西アジアそして極東へ進出してきたとも言えます。

また、冷戦時のソ連は、残念ながら十分な数の不凍港を持つことができませんでした。そのため、圧倒的な米海軍に対抗できる海軍の整備を目指しながらも、十分な規模の海軍力を持つことができなかったのです。

中国は南シナ海の珊瑚礁を埋め立てて人工島をつくっていますが、島を人工的に造成できても、中国大陸を包囲する島々を移動させることはできません。中国にとって、これはとてつもないハンディキャップです。

逆に言えば、日本やアメリカが中国を封じ込めておくには、この「天然の防波堤」をしっかりと防御することが重要になります。日米が、台湾、フィリピン、インドネシア、マレーシア、ベトナムなどと連携して「蓋」をしておけば、中国海軍が空母を多数建造しても、大きな脅威にはなりません。スズメバチが一〇匹いても、蓋をしたコップに閉じ込めておけば誰も刺されないのと同じことです。

その意味で、中国が次々と空母を建造するのは、戦略的にはあまり合理的とは言えません。コップの中で身動きのとれない空母に予算を無駄遣いしてくれるのは、日本やアメリカにとっては、むしろありがたいことだとも言えるでしょう。

米軍関係者などが、「中国の空母建造は脅威だ」などと発言することもあるかもしれません。もちろん文字どおりの意味もあるのでしょうが、その裏には、中国にもっと無駄遣いをしてもらうために、自尊心をくすぐっておだてるという政治的意図があるということは、我々専門家のあいだの共通理解です。

外洋への出入り口に「蓋」をされていれば、艦艇や航空機が外に出ていけないだけでなく、外から船が入ってくることもできません。中国は資源をアフリカ、オーストラリア、南米などに依存していますが、いざ有事になれば敵対国に周辺海域を完全にふさがれて、それらの海上輸送もできなくなるでしょう。

南シナ海進出は中国にとって両刃の剣

そういう事態を恐れているからこそ、中国は南シナ海を埋め立てて軍事的な拠点となる「不沈空母」としての人工島をつくり、防波堤の役を担うことになる台湾からベトナムまでの沿岸諸国に対しての、影響力の誇示を図っています。

しかしこれも、両刃の剣になりかねません。ふつうの空母は、敵の攻撃をしのげなければ被害により沈没し、再利用できません。これに対して「不沈空母」は、大被害を受けて兵士や兵器が全滅しても、沈まずに海の上に残ります。敵はそれを占領して再整備をした上で、自分の基地として再利用するでしょう。

つまり、以下は有事の話ですが、対アメリカを意識して中国が造成した島々は、どれもアメリカの基地になる可能性があるわけです。

実際にそれをやられたのが、太平洋戦争時の日本でした。日本は開戦初期に占領した中部太平洋の島々を、戦争後半に次々と米軍にとられました。これらの島々は、本土攻略の足場としてアメリカに使われ、日本の防御線は持ちこたえる間もなく壊滅しました。

同じように、中国が今熱心につくっている「不沈空母」が、中国を包囲するために使われる可能性もあるわけです。

ですから、表向きは中国の行動に文句をつけながらも、本音では「つくらせておけばいい」と考えている米軍関係者や自衛隊関係者は、大勢いると考えられます。

ピントがずれた「一帯一路」プロジェクト

海洋部を包囲されている中国は、外洋進出ルートを確保する要となる南シナ海への進出を画策する一方で、反対側の西アジア地域に、アメリカに対する防波堤をつくろうとしているようにも見えます。二〇一三年に習近平主席が新しい経済圏構想として提唱した「一帯一路《いったいいちろ》」なるプロジェクトのうち、中国西部・中央アジア・欧州を結ぶ「一帯（シルクロード経済帯）」がそれです。

中央アジアは、アゼルバイジャンやカザフスタンなど、旧ソ連が消滅した後に形成された、内陸部に位置する旧ＣＩＳ（独立国家共同体）諸国も多いため、海洋国家であるアメリカの力が及びにくいエリアだと言えるでしょう。そこを道路や鉄道でつなぐことで、一つの経済圏を形成するだけでなく、軍事的なラインにするのが中国の目論見です。西側の一部学者が命名した、「第一列島線」「第二列島線」と同じ意味合いです。

しかしこれも、そう簡単には機能しないでしょう。陸上交通は、海上輸送と比べると極めて非効率だからです。単純な話、一万トンの船舶と同じだけの物資を運ぼうと思ったら、一〇トントラックが一〇〇〇台も必要になるのですから、勝負になりません。海上と違って、陸路はＩＳのようなテロリストにトンネルや橋を破壊されればすぐに機能不全に陥ります。

そもそも古代のシルクロードが廃れたのも、インド航路の発見と利用拡大によります。インド航路発見まではかろうじて沿岸海上交通と均衡を保っていた陸上輸送（シルクロード）も、長距離輸送の総合的効率性という観点からは、海上交通に太刀打ちできなかったということでしょう。

一方、中国沿岸部・東南アジア・インド・アフリカ・中東・欧州をつなぐ「一路（二一世紀海上シルクロード）」はどうでしょうか。

そのプロジェクトの一環として、中国はインドを包囲するためにスリランカやモルジブに投資をして港湾などをつくっています。しかし、どんなに良い港をつくったところで、スリランカやモルディブの市場規模を考えれば、そこに立ち寄る商船はそれほどないでしょう。日本の横浜港だけでも、購買力はその何十倍にもなると思われます。

中国はそれも承知の上で、インド洋各国の港湾や空港建設に投資しているわけですが、その結果各国に残るのは、ほとんど使用されない施設と、償還の見込みのない膨大な対中負債です。極端な言い方ですが、中国はこのようにして一部のインド洋諸国を資金で縛り、影響力を固持しようとさえしているのです。これは「一路」事業の裏に隠れた、中国のインド洋戦略なのです。

港をつくれば、中国海軍が基地として活用できるようになるかもしれませんが、そこに燃料や弾薬、メンテナンス設備などの本格的な軍事施設を置くわけにはいきません。今は中国に協力的な国でも、いつアメリカ側に転じるか分からないからです。

また、二〇一六年には、パナマ運河の拡張工事が完了しました。さらに、これまで「単線」だったスエズ運河の南半分が「二車線（ダブルトラック）」になったことから、アジア諸国から太平洋、そしてインド洋、地中海から大西洋までをつなぐ自由な海上ルートの輸送力は、大幅に増大しました。

スエズ運河の完全二車線化が完成すれば、さらに飛躍的に増大することは明白です。中国の「海上シルクロード」は、たとえば地中海の入り口でアレクサンドリアに寄り、そこからジブチ、パキスタンやスリランカに寄港することを想定していますが、そのような「あちこち」に寄港する非効率な遠回りのルートを選ぶ船の荷主は、いないでしょう。

いずれにしろ、中国の一帯一路プロジェクトは、いささかピントがずれていると言わざるを得ません。一帯一路が経済面で機能しないとすれば、前述した安全保障上の軍事ラインとしての機能もおぼつかなくなります。華々しく打ち上げた壮大な構想が画餅《がべい》に終わる公算も大きく、この面でも中国は、安全保障の戦略を誤っているように見えるのです。

交渉で北方領土を取り戻すのは至難の業

次にロシアの話をしましょう。言うまでもなく、日本とロシアの関係における最大の懸案は、北方領土問題です。

これは、日本にとって極めて難しい問題だと言わざるを得ません。私は何度もロシアを訪れていますが、その個人的な経験に基づいて考えると、再びロシアと戦争をして勝たないかぎり、北方領土が返還されることはないと思います。というのも、北方領土の領有は、ロシア人のメンタリティからすると、論争の余地のない「正義」だからです。

ロシアにとって、極東地域を舞台にした大戦争は二度しかありません。一度目は、一八五三年に始まったクリミア戦争です。主戦場のクリミア半島は黒海の北岸ですが、この戦争はカムチャツカ半島にまで波及しました。そして二度目が、一九四五年八月九日に始まる対日戦争です。

日本からすれば、これは日ソ中立条約を一方的に破棄して始められた国際法違反の戦争にほかなりません。しかしロシア人の理屈では、軍国主義の日本こそが国際秩序を破壊しようとした悪しきチャレンジャーです。その日本を成敗するのに、条約も何も関係ありません。世界の正義のために戦ったのだから、その勝利で手にした領土を日本に返す必要がなぜあるのか、という話になるわけです。

正義かどうかはともかく、歴史を振り返れば、戦争で失った領土は戦争で取り返すのが一般的でした。フランスとドイツが奪い合ってきたアルザス・ロレーヌ地方などは、両国が何度となく衝突を繰り返してきたために、銃弾の破片が積もり積もって、その影響で今でも方位磁石がきかないと言われています。

大戦争に送り込まれた自国の若者が血を流して奪い取った土地を、戦争もせずに元の持ち主に返した例は、人類史上、硫黄島や沖縄しか例がないでしょう（戦場ではなかった小笠原や奄美も含みます）。

我が国は、アメリカに戦争を仕掛けてそれを取り戻したわけではありません。

日本が強く信頼できる同盟パートナーとなり、日米安保条約によって日本列島を戦略上の拠点として使うことができたので、アメリカは奪った領土を平和的に返すこともできたのです。それと同じことをロシアに求めるのは、やはり無理があるでしょう。

軍事的にも、北方領土はロシアにとって極めて重要です。ロシアは現在、海洋核戦略において、ムルマンスク（ノルウェーやフィンランドとの国境に近い港湾都市）とペトロパブロフスク・カムチャツキー（カムチャツカ半島の都市）の二カ所体制を維持しているため、オホーツク海を自分のテリトリーにしておかなければなりません。つまり、千島列島全体を、コントロール可能な状態にしておく必要があるのです。

もし北方四島を手放せば、そこは日本の主権下に入るので、自衛隊もしくは米軍が駐留することになるでしょう。そうなれば、一部とはいえ千島列島のコントロールを失うこととなり、結果的にオホーツク海を手放したも同然の状態になります。

だからといって、ロシアの譲歩を促すために、日本側が千島列島に軍事的中立地帯を設けることを提案してはいけません。それは日本の主権を放棄するのと同じことだと考えるべきでしょう。

それを認めれば、日本の領土内であるにもかかわらず、米軍が動けないエリアをつくってしまうことになります。「領土」である以上、日本の主権を一〇〇％行使できる、つまり自衛隊も米軍も意のままに動くことができる状態を保たなければならないのです。

そして、その条件でロシアが返還に応じることはあり得ません。いずれにしろ、戦争なしで、交渉によって北方領土をロシアから奪い返すのは至難の業なのです。

もちろん、その努力をやめるべきではありません。日本は日本で、あくまでも北方領土は我が国固有の領土であるという主張を貫くべきでしょう。

ただし、ロシアに対する経済援助などをどんなに行っても、それによって北方領土返還交渉が日本に有利になることはないと覚悟すべきです。領土返還を主目的として経済援助をするなら、それは無駄遣いにしかならないでしょう。経済援助を検討するなら、領土問題とは切り離して、それによる経済的なメリット（国益）があるかどうかだけをクールに計算しなければ、意味がないと思います。

北朝鮮問題で中国・ロシアに期待するのは無意味

本書のテーマである北朝鮮問題について言えば、そこにロシアの直接的な国益は全くありません。

誤解を恐れずに言えば、この問題に関与するのは、ロシアにとってはちょっとした「遊び」のようなものです。ヨーロッパに大問題を抱えるロシアを、本来は北朝鮮問題の「プレーヤー」としてカウントすべきではありません。ロシアにとっての国益があるとすれば、それは北朝鮮問題への対応を通じてアメリカが弱体化することだけです。

それは中国も基本的には同じだと考えてよいでしょう。最終的な競争相手はアメリカですから、この問題で中国が演じられる役割には限界があります。中国は対米戦略という最重要事項も抱えています。

もちろん、ロシアと違って、中国は北朝鮮問題で直接的に国益を左右されます。私の日中会議出席などの経験から言えば、たとえば中国は、国連の経済制裁によって北朝鮮からの繊維製品や海産物の輸入が止まることで、それで食べている多くの中国人が失業することを恐れています。北朝鮮から買えなくなった繊維製品や海産物をアメリカが代わりに輸出して、彼らの生業を支えてくれるわけではないのです。

したがって、たとえ北朝鮮問題に介入するとしても、アメリカが大きく得をするようなことを中国がやるとは思えません。ある程度は協力しているフリをしながら、いざとなったら「これが限界だ」と、舞台から降りるパターンを繰り返すでしょう。実際、二〇一七年一一月一七日、中国は一年ぶりに習近平主席の特使を北朝鮮に派遣しましたが、金正恩との会談は実現せず、事態の進展は見られませんでした。

そして、長期的な視野では、アメリカが疲弊してくれることが中国の国益になりますから、米軍が北朝鮮に軍事力を行使することに文句は言わないでしょう。自分たちでやるつもりはないので、中国が許容できる条件を満たす範囲内でアメリカが汚れ役を引き受けてくれるなら、「どうぞおやりください」という話です。北朝鮮が核保有国として存続するのは、中国にとっても歓迎できません。

ロシアに話を戻すと、こちらもウクライナ問題で制裁を受けており、クリミア半島を含め、黒海沿岸からシリアを抱える地中海東部では、アメリカと対立しています。特にシリアでは、ロシアが支持しているアサド政権に対して、反政府軍を支持するアメリカがミサイル攻撃を行うなど、厳しい対立が続いています。

ですからロシアも、北朝鮮に対する国連制裁には同意したものの、それ以上の役割を引き受けるつもりはないでしょう。我々がそれを期待するのも無意味です。

むしろロシアは、アメリカや日本の足を引っ張る「負」の要因になり得る存在として考えておくべきです。

日本からしたら、ロシアが口も出さず何もしないでいてくれるのが一番良いのですが、プーチン大統領は、ときおり北朝鮮問題に関して意図の不明確な発言をします。先日も、「北朝鮮は絶対に核保有をやめないだろう」などと口にしました。

だからといって、ロシアが何をするというわけではありませんし、アメリカに対して「だから北朝鮮に軍事力行使をしてもかまわない」と言うわけでもありません。まわりまわってロシアの国益につながることを考えて、いろいろな布石を打っているのです。

しかし、あまり過大な期待はできないとはいえ、北朝鮮問題における中国とロシアの存在感は無視できるほど小さなものではありません。また、アメリカがこの問題を通じて疲弊すれば、日本の安全保障にとってもマイナスになります。

日本政府が、アメリカとも協調しながら、外交交渉によってこの両国をうまくコントロールすることが、北朝鮮問題の早期解決と東アジア地域の安定には不可欠なことも事実なのです。

第六章

米艦防護と日本の国益

（インタビュー）

――聞き手　畑川剛毅

「米艦防護と日本の国益」

（「朝日新聞」二〇一七年八月二三日掲載）を改稿

初の米艦防護の意義

――北朝鮮が挑発的な行動を繰り返しています。日本の安全保障環境をどう見ていますか。

北朝鮮は二〇一七年七月に、米本土に届くとされる大陸間弾道ミサイルの発射に成功、八月には、グアム沖へのミサイル発射計画も公表しました。技術確立のため、時期と場所は分かりませんが、再度、発射実験をするでしょう。最高度に緊張した状態です。中国が南シナ海を「内海《うちうみ》」にしようとし、東シナ海の尖閣諸島周辺で領海を侵す動きも変わりません。安保環境はこれまでになく厳しいと言えます。

ただ、金正恩の狙いは、核兵器を保有してアメリカと直接交渉し、体制継続の保障を得ることです。日本や在日米軍基地への先制攻撃をにおわせていますが、それをすれば自国が火の海になるのは明らかで、その点は脅しに過ぎないと思われます。

――そうした安保環境下で、自衛隊は二〇一七年五月、米軍の艦船を守る「米艦防護」を初めて行いました。安倍政権は二〇一五年に成立させた安保法制で「武器等防護」の対象を外国軍にも広げ、それで可能になった任務の中核です。米艦防護実施をどう見ますか。

長足の進歩です。日米が軍事面でより緊密に協力、連携できるように法律が整備されたことで可能になりました。日米安保の協力体制が強まり、抑止力を高める効果があります。五月の初実施は、国民へのアピールの意味もあったでしょう。同時に北朝鮮への強いシグナルでもありました。北朝鮮の脅威にマッチしない、防空能力の弱い護衛艦を出動させたことには一部から批判が出ました。ですが、むしろ、太平洋で米艦を付け回すロシア、中国、中でもその潜水艦への牽制《けんせい》の意味合いが強かったと思います。

重要なのは、防護に任ずる海自艦艇の優れた情報処理能力を最大活用することにより、海自の持つ最新情報を米海軍と共有できることです。

実際に発動される可能性は小さい

——しかし、米艦防護は、自衛隊をより危険なところへと導くことになるのではないでしょうか。

実際の場面で米艦防護が発動されるか考えると、圧倒的な軍事力を誇る米軍が対象ですから、可能性は極めて小さい。でも万が一の事態に備えるために必要です。

――実際に発動される可能性が極めて小さいとなぜ言えますか。

純粋な軍事行動は、単独が一番やりやすいからです。世界最強の米軍もそう思っています。

ただ米軍の練りに練った作戦でも、想定していないアキレス腱を相手が突いてくる事態が絶対ないとは言い切れません。歴史上、そうしたときに、弱者が強者に勝っています。我が国でも、源平の「鵯越《ひよどりごえ》」や織田今川の「桶狭間」などの例があり、内外の歴史がそれを示しています。そのごくわずかな可能性に対処するのが「武器等防護」の意味です。

緊急事態が発生し、近くに日本の安全確保のために警戒監視している自衛隊がいるのに、法律が未整備だからと傍観し、米軍の大被害を許すのか。

そのような事態に至れば、米軍を見殺しにしたと、日米安保が吹っ飛ぶ恐れが現実のものとなります。実際に想定を超えた事態で対応に苦慮した実体験が私にはあります。

――それは何だったのですか。

二〇〇一年のアメリカ同時多発テロの直後です。民間機を乗っ取るテロを見たアメリカ政府は、次は警備態勢が弱い海外基地や部隊が狙われると想定しました。そのとき、ちょうど、空母キティホークが横須賀から東京湾外に出る必要が生じました。

途中の浦賀水道は羽田空港の南約二〇キロ沖です。狭くて自由な運動ができず、乗っ取られた民間機に狙われたらどうしようもできません。アメリカは外務省を通じ、「日本もできるかぎりの支援を」と要請してきました。

私は当時海上幕僚監部の防衛部長でした。防衛庁（当時）内で検討し、空自は早期警戒管制機を飛ばし、海自は護衛艦二隻を日本の領海を出るまでキティホークに随伴させると決め、大臣の了解を得ました。そうすれば、テロリストには、日本が腹を決めて護衛していると見えます。攻撃をためらわせるのが狙いでした。

困ったのは根拠法です。実態は自衛艦による米空母の疑似護衛でしたが、護衛は「日米共同行動」にあたる可能性があります。当時、憲法は集団的自衛権の行使を禁じていると解釈されており、「日米共同行動」は日本の有事などでないと、実行できませんでした。
そこであらゆる知恵を絞り、防衛庁設置法五条一八項の「所掌事務の遂行に必要な調査及び研究」という規定を援用しました。本来は自衛官による情報収集活動などを想定したもので、部隊運用を想定したとは考えにくい。ギリギリの解釈でした。

――しかしそれは無理筋の論理だったように思えます。

野党や一部マスコミから拡大解釈だと随分批判されました。当時の福田康夫官房長官からも、「私の耳には入っていなかった」と突き放されました。でも他に方法がなかったのです。
アメリカは感謝、評価し、国際社会が一致した対テロ活動への日本の貢献の一つだと明確に位置づけました。

自衛隊が守るのは日米安保でなく日本の国益

――だから米艦防護を「長足の進歩」と感じるのですね。でも、これで日本がアメリカの戦争に巻き込まれる懸念が強まりませんか。

ありません。たとえば、朝鮮半島有事で米海軍が北朝鮮にミサイル攻撃を受ける恐れが生じたが、米軍の対応が間に合わない状況で、近くに海自がいるとします。

このとき海自がするのはミサイルの迎撃であって、ミサイルを撃った本体を攻撃するのは米軍です。個人で言えば、緊急避難・正当防衛に該当する最初のワンショットのみです。日本がするのは火消しであり攻撃ではありません。

――たしかに、法制上、自衛隊は一発撃ったら退避することになっています。本当にそうしますか。

戦後の民主主義体制下で教育を受けた自衛隊の指揮官は、憲法の枠を一ミリもゆるがせにしないよう徹底的に教育されています。

――途中で米軍を見捨てる形になったら、先ほどおっしゃったように、「日米安保が吹っ飛ぶ」のではありませんか。

そういう意味で、自衛隊が米軍を見捨てることはありません。米軍が危機を脱するまでは、自衛隊は防護活動を行うことができます。

肝心なのは、自衛隊の一番大切な任務は、日本の国益を守ることであって、日米安保を守ることではない。日米安保を堅持、強化するのは、国益に資すると判断した上での手段であって、目的ではありません。

米軍は尖閣諸島を守らない、守らせてはならない

――たまたま南シナ海や東シナ海に自衛隊の船がいるタイミングを狙って、相手国が米艦防護せざるを得ないような状況をつくりあげても、それができますか。

米艦が狙われるときは、アメリカの戦争です。

仮に米軍が窮地に陥ったら、日本の国益に照らして防護するかどうかを決めます。国益に寄与しないときは、どこであろうが米艦防護はしません。現場から離脱することもあり

得ます。

――本当にそうですか。「集団的自衛権の行使容認や安保法制の整備は、東シナ海情勢などが緊迫する中で、米軍をつなぎとめておくため、つまり日米安保を維持するために必要だ」という解説を防衛省関係者からよく聞きます。その米軍が攻撃されているときに、自衛隊は戦いを避けられますか。

それは日米安保への理解が、根本から逆です。

日米軍事同盟を置き換えられない価値として大切に思っているのは、日本よりアメリカです。残念なことに、これは公言されず、アメリカが「密かに」思っている内容ですが。日米安保の維持がアメリカの国益であり、世界戦略上、不可欠だからです（アメリカにとっての日米同盟の意義については117〜119ページ参照）。

言い方は変ですが、大多数の国民は、日米安保でアメリカは日本を守ってくれると思っていますが、守るという意味が直截的な防衛作戦ということであれば、これは違います。日本を守るのは自衛隊です。

米軍の守り方は、日本への侵略を抑止する、戦争が起きたら侵略国を攻撃して早期に終結させる、日本の被害を最小限にするために相手国を攻撃する、というものです。物理的に日本を守ることではありません。

たとえば尖閣諸島程度の小島を米軍が守るはずがないわけです。

——え？ 尖閣諸島を米軍は守ってくれないのですか。トランプ政権も尖閣諸島周辺は日米安保の適用対象だと繰り返しています。

聞かれれば、そう答えるでしょう。でも実際に尖閣の防備を整え守るのは自衛隊。それが自衛隊の存在理由です。

その際のアメリカの任務は中国本土への打撃です。その力によって尖閣侵攻を抑止し、実行されたら中国本土を攻撃して侵攻を頓挫させる。これが「米軍が尖閣を守る」の意味です。

現場の作戦に米軍が参加すると思っている自衛隊幹部は皆無でしょう。アメリカは中国本土攻撃の構えをとるのです。

――尖閣周辺の紛争で、米軍が本格戦に発展する恐れのある中国を攻める姿勢をとるでしょうか。

それが日米安保における米軍の義務であり「盾と矛」に代表される戦略的任務分担です。では、なぜアメリカは自国の若者の血を流してまで、日米安保を維持して日本を守り、相手国を攻めるか。それは、日米安保と日本の存在自体が、アメリカの国益そのものだからです。沖縄より西に本格的な米軍基地はありません。太平洋から中東までのアメリカの軍事プレゼンスを維持するために、日本の総合力に支えられた在日米軍はアメリカの世界戦略にとって死活に関わるほど重要なのです。

総合力が、日本の優れた社会インフラです。カリフォルニア州より少し狭い国土に、ジェット機が発着できる飛行場が九〇もあり、治安も水も食料も安全で、工業、交通、通信、医療も世界水準以上。こんな戦略拠点はどこにもありません。

日本はアメリカが世界戦略を立案する上で不可欠です。アメリカは、日米安保を日本人が考える以上に大事だと思っているのです。

著者略歴

香田洋二《こうだようじ》

元・海上自衛隊自衛艦隊司令官(海将)。

一九四九年徳島県生まれ。

一九七二年防衛大学校卒業、海上自衛隊入隊。

一九九二年米海軍大学指揮課程修了。統合幕僚会議事務局長、佐世保地方総監、自衛艦隊司令官などを歴任し、二〇〇八年退官。

二〇〇九〜一一年、ハーバード大学アジアセンター上席研究員。

著書に『賛成・反対を言う前の集団的自衛権入門』(幻冬舎新書)がある。

幻冬舎新書 478

北朝鮮がアメリカと戦争する日
最大級の国難が日本を襲う

二〇一七年十二月十五日　第一刷発行
二〇一七年十二月二十日　第二刷発行

著者　香田洋二
発行人　見城　徹
編集人　志儀保博

発行所　株式会社　幻冬舎
〒一五一-〇〇五一　東京都渋谷区千駄ヶ谷四-九-七
電話　〇三-五四一一-六二一一（編集）
〇三-五四一一-六二二二（営業）
振替　〇〇一二〇-八-七六七六四三

ブックデザイン　鈴木成一デザイン室
印刷・製本所　中央精版印刷株式会社

Printed in Japan　ISBN978-4-344-98479-0 C0295
こ-22-2

幻冬舎ホームページアドレス http://www.gentosha.co.jp/
＊この本に関するご意見・ご感想をメールでお寄せいただく場合は、comment@gentosha.co.jp まで。